EDUCAÇÃO, SAÚDE
E
DESENVOLVIMENTO

MARIA DA CONCEIÇÃO PINTO ANTUNES
Professora Auxiliar

EDUCAÇÃO, SAÚDE E DESENVOLVIMENTO

ALMEDINA

EDUCAÇÃO, SAÚDE
E DESENVOLVIMENTO

AUTOR
MARIA CONCEIÇÃO PINTO ANTUNES

EDITORA
EDIÇÕES ALMEDINA, SA
Avenida Fernão de Magalhães, n.º 584, 5.º Andar
3000-174 Coimbra
Tel.: 239 851 904
Fax: 239 851 901
www.almedina.net
editora@almedina.net

PRÉ-IMPRESSÃO • IMPRESSÃO • ACABAMENTO
G.C. – GRÁFICA DE COIMBRA, LDA.
Palheira – Assafarge
3001-453 Coimbra
producao@graficadecoimbra.pt

Fevereiro 2008

DEPÓSITO LEGAL
271860/08

Os dados e as opiniões inseridos na presente publicação
são da exclusiva responsabilidade do(s) seu(s) autor(es).

Toda a reprodução desta obra, por fotocópia ou outro qualquer processo,
sem prévia autorização escrita do Editor,
é ilícita e passível de procedimento judicial contra o infractor.

Ao PEDRO, *pelo seu amor.*

À minha família, *pelo carinho, afecto e integridade.*

Aos mais pequeninos
MARGARIDA, FREDERICO *e* MARIA MIGUEL
pela capacidade de me inspirarem e motivarem a (re)criar,
(re)inventar e contribuir para um mundo melhor …

Aos meus alunos e ex-alunos interlocutores incansáveis na partilha e co-construção de um saber que promova uma melhor qualidade de vida e bem--estar de todos aqueles com quem e para quem vivemos convivemos e trabalhamos...

Aos meus amigos pela amizade e pela riqueza que sempre resulta da partilha das nossas experiências e histórias de vida...

ÍNDICE

PREFÁCIO 11

INTRODUÇÃO 13

CAPÍTULO 1

O ESPÍRITO INOVADOR DE JOÃO DOS SANTOS: A ACTUALIDADE DO SEU PENSAMENTO NA EDUCAÇÃO E NA SAÚDE

1.1. Recontextualização dos conceitos "Educação" e "Saúde"   18

1.2. Interacção entre Educação e Saúde.................................... 26

1.3. Importância da Relação no Processo de Educação/Formação   37

CAPÍTULO 2

EDUCAÇÃO E SAÚDE DOIS PILARES DO DESENVOLVIMENTO

2.1. Evolução dos Conceitos "Educação" e "Saúde" ao Longo do Séc. XX 48

2.2. Co-implicação dos Conceitos e das Práticas 56

2.3. Recontextualização da Relação entre os Conceitos........... 63

CAPÍTULO 3

EDUCAÇÃO AO LONGO DA VIDA E DESENVOLVIMENTO

3.1. As Imperfeições do Modelo de Desenvolvimento Vigente   72

3.2. Uma Forma Diferenciada de Perspectivar o Desenvolvimento 78

3.3. Educação ao Longo da Vida (Permanente e Comunitária) e (Des) Envolvimento 83

3.4. Alguns Indicadores da Educação Para o Desenvolvimento   96

3.5. Educação para o Desenvolvimento: Uma Visão Crítica.... 99

REFERÊNCIAS BIBLIOGRÁFICAS 111

BIBLIOGRAFIA 117

PREFÁCIO

O livro da Professora Maria da Conceição Pinto Antunes, é um livro de leitura obrigatória. Dito isto, importa explicar porquê. Começo pelo título: Educação, Saúde e Desenvolvimento – três conceitos caros no domínio da ciência, porque são simultaneamente conceitos de que todos falamos, porém, muitas vezes sem sabermos mais do que as suas imediatas relações com a escola, a doença, e o dinheiro. Pois, neste livro, a Autora guia-nos numa escrita fluente e matura com o rigor das citações e referências técnicas e científicas mais actuais, não só acerca da evolução destes conceitos como da sua inseparável conotação. Assim, e com a "ajuda" de João dos Santos, cita-o de forma brilhante e pertinente para evidenciar em tese essa relação. Esta referência a João dos Santos, tem um cunho de justiça, porque o aplica fundamentadamente quando cita os actuais estudiosos das neurociências, que se por ventura tivessem tido a oportunidade de o ter lido, ou uma tradução em inglês que urge fazer de alguns dos seus trabalhos de indiscutível valor, teriam naturalmente feito com o rigor do método, as devidas citações.

Este livro é ainda obrigatório ser lido especialmente por professores, médicos, psicólogos, terapeutas e técnicos de serviço social, e obviamente pelos estudantes destas áreas, uma vez que nos traz a explicitação da relação dos conceitos não como "propriedades" de ordem corporativa de algum domínio profissional ou técnico-científico, mas sim, como conceitos transversais e por isso pluridisciplinares, capazes de poderem reunir a massa crítica indispensável a uma prática de promoção do desenvolvimento humano.

Por último, mas ainda à volta de João dos Santos neste ano de 2007, passados 20 anos da sua morte, evocá-lo na forma ecléctica do seu saber, é salientar o exemplo que foi o homem, que da sua utopia tudo fez para a destruir, e conseguiu de facto em muitos aspectos, para bem de todos nós. É ilustrativo o relevo que a Autora lhe reconhece quando o refere como pioneiro, fundador, promotor, afinal alguém inconformado com o mal estar da vida das pessoas, em particular com a vida das crianças, cujas vicissitudes do seu desenvolvimento, a que são alheias, assentam principalmente nas dificuldades dos Adultos e na fraqueza do seu pensamento sobre a educação e a saúde. Este livro é um contributo convicto da responsabilidade social duma formadora das ciências humanas. Bem haja.

Colares, Setembro de 2007

PEDRO PARROT MORATO
Professor Associado da Universidade Técnica de Lisboa
Director do Centro Doutor João dos Santos – A Casa da Praia

INTRODUÇÃO

As questões que motivaram esta obra são, em primeiro lugar, questões pessoais decorrentes da necessidade de investigar e reflectir acerca de determinadas temáticas que se interseccionam, de forma quase inextrincável, com os caminhos da educação que temos vindo a abraçar ao longo do nosso percurso profissional. Em segundo lugar, fomos motivados pela pretensão (embora conscientemente uma pretensão humilde) de esta obra constituir um instrumento de ajuda, um espaço-tempo de reflexão e sistematização para todos aqueles e, de um modo muito particular os estudantes, que se interessam pelas temáticas concernentes à problemática da educação ao longo da vida.

A educação ao longo da vida é, no sentido originário dos documentos da UNESCO, entendida como um processo permanente e comunitário, um processo pelo qual o homem vai construindo e enriquecendo a sua individualidade no sentido de uma participação activa, integrada, responsável e realizada nas várias comunidades de que faz parte. Assim, ela aparece definida como "a totalidade dos processos organizados de educação, seja qual for o seu conteúdo, o nível e o método, sejam formais ou não formais, prolonguem ou substituam a educação inicial dispensada nas escolas e universidades, e em forma de aprendizagem profissional, graças aos quais as pessoas consideradas adultas pela sociedade a que pertencem, desenvolvem atitudes, enriquecem conhecimentos, melhoram as suas competências técnicas ou profissionais ou lhes dão uma nova orientação, e fazem evoluir as suas atitudes ou o seu comportamento na dupla perspectiva de um enriquecimento integral do homem e sua participação no desenvolvimento socioeconómico e cultural equilibrado e independente" (UNESCO, 1976: 16).

Facilmente perceptível é o facto de o processo educativo, processo de autoconstrução participada dos indivíduos e co-construção das comunidades estar fortemente vinculado, condicionar e ser condicionado pelo campo da saúde e todas as questões relativas ao desenvolvimento. Eis, a razão porque, neste livro, procuramos investigar, reflectir, co-relacionar e sistematizar questões relativas a estas três dimensões: educação, saúde e desenvolvimento.

A primeira parte do livro é dedicada àquele que consideramos ser um dos mais proeminentes psicopedagogos portugueses. A nossa escolha sobre João dos Santos deve-se ao seu espírito inovador e ao seu pioneirismo nos campos da educação e da saúde. Embora fundamentalmente preocupado com o processo educativo das crianças, os seus escritos e a sua acção evidenciam que possui da educação a concepção de um processo permanente e comunitário incidindo em todos os domínios da vida.

João dos Santos revela-se, não só, perfeitamente embrenhado nas questões da Educação Nova mas, também, um praticante convicto da inovadora concepção de educação integral preocupada em desenvolver todas as dimensões humanas a realizar ao longo da vida e em todos os contextos em que o homem se integra. O seu espírito inovador e revolucionário é, do mesmo modo, notável no campo da saúde. Ao tempo em que o modelo patogénico é rei, João dos Santos pensa e trabalha já, completamente, dentro dos parâmetros de um modelo salutogénico de saúde, dando os primeiros passos no sentido da educação e da promoção da saúde e, consequentemente, da saúde comunitária.

Na segunda parte, procuramos mostrar como a educação e a saúde são campos que se interseccionam e como estes conceitos, assim com as respectivas práticas, se co-implicam e se conectam com as questões do desenvolvimento. Assim, respectivamente com base nos documentos da Unesco e da Organização Mundial de Saúde (OMS) começamos por analisar a evolução e ressignificação do conceito "educação" e do conceito "saúde" ao longo do séc. XX. A análise a que submetemos tais documentos revela que, ao longo do tempo, e cada vez mais explicitamente, a educação vai sendo conceptualizada, entendida e aceite como um processo a realizar ao longo da vida e em todos os contextos em que o homem vive. No que concerne à evolução sofrida pelo conceito de saúde, a sua ressignificação confere-lhe um sentido positivo e torna-a um projecto comunitário de todos os indivíduos e de toda a comunidade, sendo os indivíduos entendidos como os principais responsáveis pela sua saúde.

De seguida procuramos mostrar como a evolução e ressignificação destes dois conceitos "educação" e "saúde" conduziram a uma nítida co-implicação, quer dos conceitos em si mesmos, quer das suas respectivas práticas evidenciando-se, assim, que a educação e a saúde são duas realidades interdependentes no processo de autoformação participada de pessoas equilibradas e integradas.

Por último, procura-se indagar se o conceito de desenvolvimento e a relação que foi sendo estabelecida, quer entre desenvolvimento e educação, quer entre desenvolvimento e saúde se foi alterando ao longo destas últimas décadas.

Na terceira parte, procuramos indagar e estabelecer a interacção entre educação e desenvolvimento e evidenciar que a educação só pode ser entendida no sentido de educação para o desenvolvimento, entendido como desenvolvimento integral e integrado dos indivíduos e das comunidades. Assim, começamos por evidenciar as imperfeições do modelo de desenvolvimento vigente, entendido como desenvolvimento económico, evidenciando que um modelo de desenvolvimento centrado nos referenciais do crescimento económico não serve os valores e as finalidades da educação. Este modelo privilegia os programas de ensino recorrente e de formação profissional em detrimento das dimensões sócio-culturais inerentes e fundamentais a um projecto educativo.

De seguida apresentamos uma forma diferenciada de perspectivar o desenvolvimento entendido como desenvolvimento integral e integrado. Com base nos documentos da UNESCO e, tendo em conta este ponto referencial conceptual e teórico, procuramos evidenciar que a concepção de educação que encontramos nestes documentos aparece vinculada ao desenvolvimento global, integrado, participado e auto-sustentado apelando à pluralidade de valores co-existentes nas histórias e nas comunidades humanas.

Propomo-nos, também, levar a compreender que a concepção de educação ao longo da vida, enquanto processo empenhado no desenvolvimento integral e integrado dos indivíduos e comunidades toma a estrutura – recorrendo a um conceito da literatura pedagógica – da educação comunitária, enquanto intervenção educativa cujo motor de acção radica na motivação, implicação, participação e recursos da própria comunidade com a finalidade de promover o desenvolvimento e bem-estar da vida individual e comunitária.

Consideramos importante sistematizar e apresentar aquilo que consideramos serem alguns indicadores que caracterizam a educação para o desenvolvimento e, por último, pretendemos apresentar dela, aquilo que denominamos, uma visão crítica, na medida em que o que se pretende destacar é a relevância, os benefícios e a eficácia desta concepção de educação dentro dos limites que lhe são próprios. Apresentamos, ainda, o progresso/desenvolvimento individual/colectivo como um processo de recombinação de conhecimentos, crenças, aspirações, desejos, emoções, saberes, técnicas, práticas, etc. que resulta das relações intercomunicativas que estabelecemos com novos pontos de vista, novas pessoas, livros, experiências, culturas. Um processo que resulta da intervenção activa, participativa e responsável do homem educado/formado e informado e em processo contínuo de auto/aperfeiçoamento.

CAPÍTULO 1

"Eu actuo como se acreditasse que é possível fazer qualquer coisa. A situação de utopia em que os outros pensam que eu me inscrevo tem escalões e eu opto sempre por qualquer coisa de realizável".

(Entrevista a JOÃO DOS SANTOS, *o Diário*, 13.03.1984)

O ESPÍRITO INOVADOR DE JOÃO DOS SANTOS: A ACTUALIDADE DO SEU PENSAMENTO NA EDUCAÇÃO E NA SAÚDE

Ao longo desta primeira parte do livro, propomo-nos mostrar como os referenciais teóricos e as práticas educativas e médicas de João dos Santos são precursores dos actuais conceitos de "educação" e "saúde", da relação íntima e articulada que entre eles se estabelece e como estas duas dimensões são, por ele, entendidas como pilares incontornáveis no processo de autoformação participada de pessoas equilibradas, integradas e realizadas, ou seja, do desenvolvimento sustentável de pessoas e comunidades.

Propomo-nos, então, fazer algumas referências ao pensamento e prática pedagógica e médica deste proeminente psicopedagogo português, enquanto precursor da significação e das relações que, hoje, estes conceitos estabelecem entre si.

As mudanças que João dos Santos concebe e leva à prática na educação e na saúde são, poderemos dizer, revolucionárias para o seu tempo e continuam a ser inovadoras na actualidade pois, a forma como concebe a educação e a saúde e a aliança que estabelece entre estas duas dimensões do processo de educação/formação dos seres humanos, continua a constituir, nos dias de hoje, um caminho inovador que poucos, ainda, ousam trilhar.

Do seu pensamento abordaremos três aspectos que consideramos radicalmente inovadores e absolutamente pertinentes para a questão da relação educação e saúde e sua importância no processo de educação/formação das pessoas e desenvolvimento das comunidades:

- recontextualização dos conceitos "educação"e "saúde": a educação e a saúde entendidos como processos a desenvolver ao longo da vida e na comunidade;
- interacção entre educação e saúde;
- importância da relação no processo de educação/formação.

1.1. Recontextualização dos Conceitos "Educação" e "Saúde"

Não obstante se centrarem, fundamentalmente, na pessoa da criança, os escritos e a acção pedagógica e clínica de João dos Santos evidenciam, claramente, uma perspectiva de educação enquanto processo a realizar-se ao longo da vida com o objectivo de desenvolver de forma integrada e harmoniosa todas as capacidades do ser humano.

É importante salientar que numa época em que a educação era sinónimo de escolarização e, para a grande maioria das pessoas, apenas a aprendizagem de noções básicas de escrita, leitura e cálculo, João dos Santos fala de uma concepção de educação entendida como processo de desenvolvimento integral de todas as capacidades "a educação deve integrar tudo e estimular a criança a encontrar-se a si própria e a integrar-se na sociedade em que vive" (Santos, 1991a: 35).

Num tempo em que todo o processo educativo se centrava no professor, o espírito de João dos Santos, imbuído dos ideais da Educação Nova, leva-o a chamar a atenção para o facto de que o dever dos educadores é esperar o momento próprio de intervir pois "sanção é também tudo o que é imposto sem critério psicológico e de que a criança não compreende nem a necessidade, nem o interesse" (Santos, 1991a: 34).

Numa altura em que a educação significava instrução, um processo de mera transmissão/assimilação passiva de informações, João dos Santos considera que a "instrução deve ser completada pela educação, a educação visa, fundamentalmente, o plano social, a aceitação dos princípios que regem as relações entre os homens; no plano psicopedagógico ela deve visar o desenvolvimento intelectual, quer dizer, o pensamento e a inteligência" (Santos, 1991a: 32-3).

João dos Santos assume com convicção os ideais da Educação Nova, ou seja, as ideias de liberdade, da acção e do interesse espontâneo como móbil de todo o processo educativo. Não só ao nível da dimensão conceptual da teorização mas, fundamentalmente, ao nível da praxis vivida, encontramos em João dos Santos mudanças qualitativas indiciadoras da inovação pedagógica introduzida pelo movimento da Educação Nova. As suas ideias e práticas mostram-se revolucionárias para a altura, mas continuam a ser inovadoras nos dias de hoje, e disso faz prova a actualidade do excerto que se segue. "Acordo às vezes com *a rêverie* que me leva a imaginar as crianças das escolas de hoje, vivendo num ambiente diferente daquele que eu vivi na minha escola, há quarenta e tal anos. O meu sonho resulta de ter entretanto tomado conhecimento com Froebel, Pestalozzi, Montessori, Décroly, Dewey, Claparède e outros; mas as obras destes grandes pedagogos parecem ter sido atupidas por um ensino mecanizado e sem *alma*. Alguns desses foram talvez ultrapassados, mas Freinet, por exemplo, um dos maiores da actualidade, é infelizmente pouco seguido" (Santos, 1991a: 36).

João dos Santos tem, claramente, do humano a perspectiva actualíssima de um ser holístico, um ser multidimensional que se vai construindo ao longo da vida, num processo de integração gradual nas várias comunidades de que vai fazendo parte. "O homem não se pode criar no isolamento dos outros homens..." (Santos, 1982: 63). A sua concepção do humano como um ser holístico leva-o a dar uma atenção especial a todas as dimensões do homem – fisiológicas, psicológicas, emocionais, afectivas e intelectuais – mas também aos contextos familiares e sociais, uma vez que o processo de educação/formação se realiza nos contextos vivenciais. Em consequência desta consciência apurada de que o ser humano é um ser multidimensional, defende que a educação é uma tarefa a desempenhar por equipas pluridisciplinares. O processo educativo é um processo comunitário que envolve pais, família alargada, professores, médicos, sobretudo os pediatras, técnicos de saúde e toda a comunidade. "[...] há a necessidade de consciencializar a ideia de que a educação e a saúde são tarefas de todos os cidadãos [...]. O verdadeiro sentido da educação para todos, só se atingirá quando ele se não fizer apenas nos edifícios escolares mas no meio familiar e em todos os locais onde as pessoas convivem [...]" (Santos, 1982: 23; 69).

O seu pensamento e acção evidenciam, pois, uma clara consciência de que a educação é um processo comunitário, ou seja, um processo que ultrapassa os recursos da educação escolar e se alarga a todos os contextos em que o homem vive e age. E que a educação exige a colaboração não só de leigos como de técnicos altamente especializados. A sua própria experiência protagoniza um verdadeiro educador comunitário desempenhando tarefas de educação/ /formação em diversas instituições e contextos (escolas, universidades, instituições de saúde, bairros sociais, etc.). "A minha prática em psiquiatria geral [...] não me impediu de continuar ligado à problemática da educação [...] participei em vários grupos voluntários de trabalho, entre os quais um que funcionou [...] com os companheiros do hospital Júlio de Matos [...] outro que funcionou na Seara Nova onde estudávamos, discutíamos e projectávamos uma "Reforma do Ensino" [...]. Com os companheiros do hospital eram as visitas a instituições de assistência, de ensino e de reeducação – asilos, colégios, hospitais e até prisões, que nos motivavam para elaborar o que deveria ser o futuro democrático dessas instituições" (Santos, 1982:15).

Não obstante o facto de as suas preocupações se centrarem na educação da criança – uma vez que das condições em que nasce e se desenvolve a criança depende o futuro da humanidade – encontramos nos seus escritos indicadores muito claros de que possui da educação a concepção de um processo a realizar-se ao longo da vida, referindo-se inúmeras vezes à necessidade de formar os pais e de dar, também, uma rigorosa formação científica e técnica a todos os técnicos envolvidos na educação e na saúde. Pondo sempre em prática o que ensina, João dos Santos ministra ele próprio muitas acções/actividades de formação aos técnicos das equipas pluridisciplinares com quem gostava de se rodear e trabalhar. Com o objectivo de melhorar os processos – para ele inseparáveis – de educação e de saúde, investe no sentido de motivar e preparar investigadores e profissionais destas duas áreas criando equipas multidisciplinares ministrando-lhes formação nos próprios locais de trabalho, sempre a partir das realidades com que se deparavam no dia-a-dia, fazendo realçar a importância de um trabalho em rede. Este trabalho de equipa é por ele entendido como um trabalho resultante de "um grupo de pessoas que tendo profissões e habilitações técnicas diferentes, discute periodicamente o mesmo caso de forma a aferir os pontos de vista, não só técnicos mas também afectivos, com que cada qual faz as apreciações acerca de uma observação de acordo com as suas feições caracteriais e emocionais" (Santos, 1988: 82).

Em nossa opinião o pensamento e acção de João dos Santos no campo da saúde reveste-se, ainda, de uma maior radicalidade e inovação. É importante salientar que numa época em que se pensava e trabalhava em função de um modelo patogénico de saúde, João dos Santos entende já a saúde no sentido, não simplesmente de luta contra a doença mas, essencialmente, de promoção da saúde. Como afirma "a acção do médico deve ser orientada para manter a saúde e o equilíbrio do cliente educando-o nos princípios dessa mesma saúde" (Santos, cit. in Branco, 2006).

Todas as reformas que empreende, os serviços que cria e as acções que desenvolve no âmbito da saúde têm como princípio orientador, não uma política de doença, mas uma política de saúde no sentido de prevenção da doença e promoção da saúde. A centralidade da acção médica deve consistir, como nos diz, em "manter a saúde e o equilíbrio das pessoas educando-as nos princípios dessa mesma saúde".

Esta visão da profissão e acção médica é, ao mesmo tempo, absolutamente inovadora, implicando transformações radicais. Os técnicos de saúde passam a ser entendidos como profissionais preocupados, não apenas em remediar desequilíbrios orgânicos e psíquicos mas, fundamentalmente, em promover a saúde, ou seja, trabalhar com as pessoas no sentido de assegurar o equilíbrio e bem-estar.

Este novo modelo teórico que deve orientar os profissionais de saúde pressupõe que estes entendam o homem não apenas como o conjunto de órgãos e funções mas como um ser holístico e dinâmico, uma individualidade resultante de um conjunto múltiplo de dimensões que interagem entre si. Neste sentido, à acção médica é exigida uma visão global e compreensiva da totalidade do ser humano para estar em condições de promover o bem-estar e/ou conhecer as causas provocadoras de desequilíbrios. Exige-se, também, dos profissionais de saúde uma maior aproximação e interacção com os doentes, pois, sem compreender a forma como vivem e pensam, não poderão ajudar as pessoas e assumir atitudes terapêuticas favoráveis. Toda esta nova visão do mundo da saúde, adquirida através de projectos e iniciativas em que participou, quer em Portugal, quer no estrangeiro levam João dos Santos a "compreender que não basta falar da importância da família e dos pais, do afecto e da inteligência para promover o bem-estar da criança. Não basta o saudosismo dos 'bons velhos tempos' em que a educação era outra coisa, nem lamentar que a família e os pais já não cumprem com o que lhes compete na tarefa educativa. É necessário analisar a situação desde as suas raízes históricas e culturais, humanas e tecnológicas. É necessário fazer participar os pais e os técnicos, a família e as comunidades, na organização e suporte das instituições" (Santos, 1982: 15-6).

Assim, com o objectivo de divulgar esta nova forma de entender a saúde e a praxis médica, empreende uma empenhada actividade para cativar médicos predispostos a ponderar novas doutrinas e métodos terapêuticos e realiza inúmeras reuniões, palestras e seminários não só para médicos, mas também para outros profissionais da saúde, educadores e pais no sentido de, em conjunto, todos trabalharem em prol da prevenção precoce das perturbações do desenvolvimento da criança. Convicto de que este é um objectivo só passível de atingir pela conjugação de saberes e sensibilidades de todos aqueles que convivem com a criança, promove e dinamiza em todos os serviços que dirige reuniões semanais de equipa e reuniões semanais onde técnicos, crianças e pais, através de um diálogo aberto, têm a possibilidade de ensinar e aprender, procedendo à análise e estudo de casos. Na tentativa de perseguir este objectivo, rumo à promoção da saúde e do bem-estar da criança, João dos Santos impulsiona e empenha-se na "criação de numerosos serviços de saúde inéditos no nosso país"(Ibidem):

– Secção da Higiene Mental no Centro Materno-Infantil de Campo de Ourique (1952), onde pela primeira vez em todo o mundo, se tentou aplicar um programa de Saúde Mental à primeira infância. "Com este trabalho aprendi, na prática, algo que já vislumbrava na teoria: que o desenvolvimento psicológico e psicomotor, a saúde e a educação se não processam adequadamente se não existir harmonia na relação do bebé com a mãe e desta com o meio social. Aprendi também a valorizar a primeira infância como factor essencial do futuro desenvolvimento emocional e psíquico da criança" (Idem:17).

– Centros Psicopedagógicos de "A Voz do Operário" e do "Colégio Moderno" (1953). No Centro pretendia-se, em particular, ajudar os professores a resolver dificuldades apresentadas por algumas crianças promovendo a implicação dos técnicos do centro, dos professores e dos pais. "Os resultados foram favoráveis, na medida em que conseguimos a conciliação de muitos pais e professores com crianças-problema, não só com insuficiências intelectuais e instrumentais como sobretudo com perturbações emocionais e do comportamento" (Ibidem). No Colégio Moderno a finalidade era estudar o insucesso escolar na sua correlação com vários factores.

– Colégio Eduardo Claparède e Escola de Pais (1954), desta experiência pode tirar-se a conclusão que "os resultados escolares das crianças-problema são tanto melhores quanto mais sólidas são as interligações familiares e mais equilibrada é a relação que se consegue estabelecer entre a família e o professor"(Idem:19).

– Centro de Recuperação Visual e Classes de Ambliopes (1955), visava a reeducação de crianças ambliopes, estrábicas e cegas. Esta experiência foi posteriormente alargada com a criação do Centro Hellen Keller em 1956. Este Centro teve um papel fundamental na inovação do ensino dos cegos e do ensino feito em conjunto de cegos com ambliopes e visuais, experiência inédita no Mundo.

– Liga Portuguesa dos Deficientes Motores (1956), nasceu da iniciativa de um grupo de técnicos e de uma mãe de criança deficiente, enfermeira de profissão. Assim nasceu a primeira clínica para crianças deficientes motoras a que se associaram desde logo, para além dos técnicos, pais de crianças deficientes e leigos interessados nesta causa. Quando uma parte dos técnicos e pais das crianças resolveu constituir-se em Associação e fundar uma nova clínica nasceu o

– Centro de Paralisia Cerebral da Liga dos Deficientes Motores (1958), "o primeiro serviço que em Portugal funcionou para diagnóstico e tratamento da paralisia cerebral" (Idem:21).

– Associação Portuguesa de Surdos (1959), resultou de "uma iniciativa privada [...] e do meu interesse pela prática pedagógica e clínica de observação e orientação psicopedagógica das crianças surdas e dos pais dessas crianças" (Idem:22).

– Liga Portuguesa Contra a Epilepsia (1968), a esta Liga se deve muito da inovação terapêutica de que hoje beneficiam as crianças com epilepsia.

– Secção de Higiene Mental do Centro Materno-Infantil José Domingos Barreiros (1964), procurava aplicar um programa de saúde mental de apoio, quer à mulher grávida no sentido de prevenir eventuais perturbações na criança que ia nascer, quer à primeira infância contornando e diluindo eventuais perturbações no desenvolvimento da criança.

– Externato de Pedagogia-Terapêutica Casa da Praia (1975), actual Centro Doutor João dos Santos – Casa da Praia é hoje uma Instituição Social de Solidariedade Social que continua a trabalhar com a mesma metodologia – Pedagogia-Terapêutica e para a mesma finalidade com que foi criado em 1975 – dar apoio pedagógico e terapêutico a crianças que, por problemas de foro emocional ou comportamental, apresentam dificuldades na aprendizagem e/ou adaptação escolar.

Todos estes serviços e instituições de cuja criação João dos Santos fez parte e dos quais fazia a supervisão e direcção, são testemunho da revolução e inovação por ele introduzida na forma de conceber a saúde e de implementar a acção médica pois, como nos diz aquando da sua criação "quase não tínhamos sequer modelos das instituições fundamentais para a saúde mental infantil e a reeducação" (Ibidem).

1.2. Interacção entre Educação e Saúde

O facto de João dos Santos ser simultaneamente médico e pedagogo, contribuiu, certamente, para a indissociável e recíproca relação que estabelece entre educação e saúde. Pelas suas ideias e, principalmente, pela sua praxis clínica e pedagógica empenhada em evitar ou, pelo menos, minorar o sofrimento humano e, de um modo muito particular, o das crianças com perturbações de desenvolvimento tornou-se, no nosso país, o marco histórico que assinala a intersecção dos caminhos da educação e da saúde. "A constante afirmação santiana deste inextrincável entrelaçamento entre saúde e educação [...] não é jogo de palavras, [...] muito menos procura de 'originalidade'[...]. É doutrina mobilizadora de mudanças radicais, fruto de um pensamento amadurecido na investigação científica, no exercício crítico da reflexão e, sobretudo, no investimento de uma vida em luta contra todas as situações de atropelo aos direitos fundamentais da criança" (Branco, 2006: 250).

À luz do seu pensamento e acção, não há saúde se não há uma política de educação/promoção da saúde que eduque no sentido de as populações adquirirem competências e informações que permitam promover o equilíbrio e o bem-estar. Do mesmo modo, não há educação se não há uma política de saúde capaz de criar as condições necessárias a um processo de educação/aprendizagem com qualidade.

A saúde apostada na prevenção precoce é condição indispensável para a iniciação da criança à aprendizagem das matérias escolares, a integração na comunidade escolar e, posteriormente, a inser-

Educação, Saúde e Desenvolvimento

ção nas várias comunidades de que progressivamente vai fazendo parte. João dos Santos tem como ideário norteador do seu pensamento e acção médica a importância crucial que a relação mãe-bébé tem no desenvolvimento harmonioso e equilibrado da criança e, por consequência, no futuro equilibrado e saúde mental da sociedade. Como nos diz "os problemas da criança têm de ser entendidos num plano de conjunto nos seus aspectos biopsicológicos e socioeducativos, tendo como ponto de partida a unidade criança-mãe, que se verifica desde a gestação e dos primeiros meses de vida. É hoje ponto assente, por todos os especialistas, que a estruturação da personalidade do homem tem o seu ponto de partida no jogo das relações que se estabelecem entre a mãe e o filho durante os primeiros meses ou anos" (Santos, 1982: 75).

Neste sentido, uma política de saúde preocupada com o equilíbrio e bem-estar, só pode ser uma política de Protecção Materno-Infantil apostada na prevenção pré-natal, ou seja, na prevenção precoce de qualquer aspecto que entrave o processo normal de desenvolvimento da criança o que só acontece se forem tidos em consideração todos os aspectos – bioneurológicos, socioeconómicos emocionais, e culturais – em que a criança é concebida, nasce, cresce e é educada. Se a protecção pré-natal é importante para que a mãe e a família possam receber o bebé num ambiente de tranquilidade e afecto, os primeiros anos após o nascimento são fundamentais pois, é a fase em que a criança inicia a descoberta e o conhecimento do mundo. "Toda esta aprendizagem começa no berço e é ela que permite ao ser humano integrar-se em grupos sociais progressivamente mais extensos. O que se não aprende instintiva e afectivamente com a mãe, não é susceptível de ser aprendido didacticamente [...]. Tudo quanto se aprende depois, resulta do desenvolvimento dessas condições psicomotoras e emocionais de base" (Santos, 1982: 76).

Política de saúde que vise intervir no processo de desenvolvimento equilibrado e bem-estar só pode significar *prevenção primária precocíssima* pelo apoio à mulher grávida e à primeira infância no sentido de serem criadas condições para que ela possa dar-se emocionalmente ao seu filho e estabelecer um espaço relacional securizante favorável ao seu desenvolvimento.

No sentido de tornar possível a implementação, em contexto real, de uma política de prevenção e protecção materno-infantil, João dos Santos desenvolve uma importante e inovadora tarefa como educador comunitário realizando reuniões, palestras e seminários não só para profissionais de saúde mas também para educadores no sentido de os conscientizar de que os utentes são os agentes fundamentais das suas histórias de vida, logo os principais actores e decisores dos seus estados de saúde. Para isso contam com os profissionais de saúde que devem formar/informar no sentido de disponibilizar conhecimentos que lhes permitam optar por estilos de vida mais saudáveis. Ele próprio ministra cursos de formação contínua aos técnicos de saúde. Consciente de que dada a multidimensionalidade do ser humano a saúde é uma tarefa a levar a cabo por uma equipa multidisciplinar, promove e dinamiza, nos serviços onde trabalha, reuniões semanais de equipa e reuniões de equipa com as crianças e suas famílias onde todos aprendem com todos partilhando experiências e saberes.

Este trabalho, orientado para a prevenção e intervenção na comunidade, constitui um contributo inovador e precursor do que hoje entendemos como educação/promoção de saúde comunitária, centrado, fundamentalmente, na formação não só dos técnicos mas, também, dos pais apoiando-os e motivando-os a participar activamente no processo de saúde e educação dos seus filhos. Ilucidativo deste seu pioneirismo em educação comunitária entendida no sentido de promoção da saúde é, também, o facto de considerar que os centros materno-infantis para além de uma praxis preventiva e clínica, deveriam ser locais de encontro onde pais e técnicos pudessem debater temas de educação sanitária e o esforço de estimular para o trabalho de parcerias a estabelecer entre várias instituições da comunidade. Todos estes princípios que defende e implementa fazem prova do avanço do seu pensamento para a época e do pioneirismo

Educação, Saúde e Desenvolvimento 29

na implementação de uma educação comunitária muito centrada "no princípio fundamental de que a protecção materno-infantil e a educação competem a toda a comunidade" (Santos, 1982: 87).

Como dissemos, a relação que João dos Santos estabelece entre educação e saúde é uma relação recíproca e, se da sequência do que acabamos de dizer, concluímos facilmente que uma política de saúde apostada na protecção e prevenção é indissociável de uma eficaz política educativa, procuraremos agora mostrar a importância que atribui à educação no desenvolvimento do processo de educação/formação de seres humanos equilibrados e saudáveis.

Os incontáveis encontros, reuniões, palestras, acções e seminários formativos com carácter regular que promove e dinamiza, dirigidos a profissionais de saúde, professores, outros educadores e pais evidenciam a importância que confere à educação/formação para a prevenção e tratamento na perspectiva da promoção da saúde da população. Não obstante, este contributo da educação, no sentido de mais informação/formação em prol da promoção da saúde, João dos Santos faz realçar o papel terapêutico da educação, ou seja, o papel que a educação pode desempenhar para precaver e, muito particularmente, contornar e ultrapassar perturbações no normal desenvolvimento das crianças.

Para aprofundar, complementar e sistematizar algumas das ideias que começou a ponderar a este respeito, aquando do trabalho que tinha desenvolvido com crianças, enquanto professor de educação física, em escolas e bairros pobres de Lisboa, nos anos 30-40 foi fundamental a experiência de trabalho desenvolvido em Paris aquando do seu exílio, em 1946-50, com crianças vítimas da guerra que tinham perdido os pais e outras pessoas significativas vivendo, agora, abandonadas e/ou entregues a instituições. Trabalhando com grandes psiquiatras e psicanalistas, ainda hoje nomes incontornáveis nestas áreas (Diatkine, Lebovici, M. Soulé, Padovani, entre outros), João dos Santos convive e procura minorar o sofrimento e as perturbações que afectam estas crianças, na sua grande maioria com dificuldades de aprendizagem e de integração na comunidade escolar, com comportamentos agressivos, violentos e mesmo marginais.

Sublinhamos o facto de João dos Santos, regressado a Portugal depois do exílio em Paris se ter deparado com o atraso impressionante que entre nós havia no campo da pedopsiquiatria. Sensibiliza-o a excessiva psiquiatrização e rotulagem que pesava sobre estas crianças e investe na descoberta das causas da tristeza, dos comportamentos desviantes e das dificuldades de aprendizagem que as caracterizavam. O convívio e relação que estabelece com elas leva-o a ponderar a hipótese destas perturbações comportamentais e de aprendizagem serem passageiras e estarem relacionadas com as perturbações emocionais e afectivas de que tinham sido vítimas dando, assim, consistência à ideia de uma relação muito estreita entre as dimensões emocional, comportamental e intelectual. A continuidade do trabalho a realizar com estas crianças e as relações que entretanto estabelece com George Heuyer (primeiro professor de Neuropsiquiatria Infantil), Serge Lebovici e André Berge (notável médico e psicopedagogo francês) levam-no a sistematizar a ideia de que a maior parte das crianças com dificuldades de aprendizagem e integração escolar não sofrem de perturbações neurobiológicas mas sim de perturbações de foro emocional e comportamental. "As dificuldades de aprendizagem escolar, são essencialmente consequência do bloqueio e da instabilidade e não da insuficiência intelectual definida em termos métricos" (Santos, 1991b: 315).

Esta ideia constitui, para a época, um contributo inovador e pioneiro, não só porque estabelece uma íntima relação entre o funcionamento emocional e o funcionamento intelectual, nos nossos dias, confirmado pelas neurociências com António Damásio, mas, também, porque alerta para a necessidade e importância da prevenção precoce das perturbações do normal desenvolvimento da criança.

É, efectivamente, em 1950, após esta experiência em Paris, que regressando a Portugal e voltando ao seu trabalho hospitalar como assistente no Hospital Júlio de Matos, na Clínica Feminina e nos Pavilhões Infantis, que procura implementar estas novas ideias (de um modo muito particular nos Pavilhões Infantis) dando, progressivamente, origem a uma verdadeira revolução na saúde mental criando, como já referimos, novos serviços e instituições, apresentando novas metodologias terapêuticas, promovendo e dinamizando reuniões, palestras e seminários formativos, criando equipas de trabalho pluridisciplinares, etc.

A sua actividade profissional enquanto médico não o afastou mas antes o impulsionou para as questões educativas, neste sentido, envolve-se em algumas experiências psicopedagógicas com o intuito de, através de uma pedagogia inovadora, ajudar as crianças a ultrapassarem algumas das suas dificuldades. É com esta finalidade que se envolve activamente na criação de algumas instituições pedagógicas, como: os dois primeiros Centros Psicopedagógicos no nosso país – no Colégio Moderno e na Voz do Operário; o Colégio Claparède e a Casa da Praia.

A ideia fundamental consistia em, com base numa pedagogia activa centrada nas necessidades e interesses das crianças, ajudar os professores a resolver as dificuldades de aprendizagem e integração escolar, envolvendo também os pais e todos os técnicos que trabalhavam e lidavam com as crianças. Procurava-se encetar um diálogo aberto e continuado entre professores e pais no sentido de se alcançar uma melhor compreensão dos problemas apresentados pelas crianças, de motivar os professores para a aplicação de novas téc-nicas e metodologias pedagógicas e de estabelecer entre todos (técnicos, professores, pais e crianças) relações securizantes proporcionadoras de equilíbrio emocional e bem-estar para a criança.

A ideia central que motiva João dos Santos a enveredar decidida e apaixonadamente pela psicopedagogia é a sua crença na pedagogia como ajuda terapêutica, ou seja, como um meio de amenizar e/ou ultrapassar perturbações de foro emocional e comportamental relacionadas com factores de ordem familiar e social contribuindo, assim, para uma melhoria do estado de saúde das crianças no que concerne ao (re)estabelecimento do equilíbrio emocional e normal desenvolvimento. Recentes estudos na área das neurociências vêm mostrar que João dos Santos estava certo. Goleman refere que a experiência do famoso psicólogo Allan Shore da UCLA, mostra que "ter relacionamentos saudáveis numa fase posterior da vida pode, em certa medida, reescrever os guiões neurais que foram codificados no cérebro durante a infância. Em psicoterapia, os ingredientes activos neste trabalho de reparação emocional incluem relação e confiança, com o paciente e o terapeuta a estabelecerem um circuito de alimentação perfeito. O terapeuta, diz Shore, funciona como uma pantalha onde o paciente projecta, para os reviver, relacionamentos antigos. Só que, desta vez, pode vivê-los mais plena e abertamente, sem julgamento, censura, traição ou abandono. Se o pai era distante o terapeuta será disponível; se a mãe era supercrítica, o terapeuta será compreensivo – oferecendo deste modo uma experiência reparadora que pode ter sido desejada mas nunca conseguida" (Goleman, 2006: 253).

Já nos anos 70, João dos Santos começa a utilizar a expressão "Pedagogia Terapêutica, no âmbito da intervenção e investigação em Saúde Mental Infantil, ligada às dificuldades de aprendizagem" (Barros, 1999: 95), que deveria ser entendida como "uma outra concepção, organização e funcionamento colectivo interno da escola e de um certo método criador de condições para as crianças aprenderem"(Idem: 97); "uma maneira de actuar junto das crianças que se apresentam aos professores e pais com dificuldades escolares temporárias" (Santos, 1976. Pedagogia Terapêutica. Comunicação apresentada ao Congresso *Encontro dos Psicólogos*, Lisboa: Arquivo da Casa da Praia).

Foi, certamente, no Externato de Pedagogia Terapêutica, hoje, Centro Doutor João dos Santos – Casa da Praia que João dos Santos mais de perto acompanhou e teve oportunidade de melhor avaliar esta metodologia denominada pedagogia terapêutica. A população-alvo objecto de intervenção, no Externato, era proveniente dos jardins infantis e escolas das freguesias de Alcântara, Ajuda e Santa

Educação, Saúde e Desenvolvimento 33

Maria de Belém, com idades compreendidas entre os cinco e nove anos de idade, com problemas específicos na aprendizagem e adaptação escolar causadas por problemas de foro emocional e comportamental relacionados com uma vivência familiar e social desajustada.

Os objectivos da acção pedagógico-terapêutica desenvolvida na Casa da Praia, nessa época, pretendiam:

- a prevenção precoce de problemas funcionais e/ou instrumentais das crianças cujos sintomas se revelassem nas dificuldades de aprendizagem;
- a integração na vida escolar das crianças cuja desadaptação dificultasse a sua evolução normal;
- a investigação nos campos terapêutico e pedagógico do verdadeiro significado das dificuldades de aprendizagem e do modo como podem ser solucionadas;
- a formação dos técnicos que promovem este trabalho (Documento Interno de 1979).

A proposta de trabalho de João dos Santos para o desenvolvimento da acção pedagógico-terapêutica na Casa da Praia "era uma proposta de investigação avançada e arrojada para a época, que se baseava na observação de cada caso, diagnóstico, orientação prática da acção pedagógica terapêutica no grupo, e posterior apresentação na reunião da equipa onde era discutida a acção desenvolvida, numa supervisão orientada por João dos Santos (Cruz, M., In Castillo, C., Salgueiro, E., 2005: 25).

A pedagogia terapêutica é uma metodologia de intervenção em grupo envolvendo equipas multidisciplinares, onde cada técnico sabe da sua especialidade mas deve conhecer as actividades e metodologias utilizadas por cada um dos colegas da equipa. A multiplicidade de perspectivas e o resultado deste cruzamento de olhares é entendida como um factor imprescindível na observação natural dos comportamentos e emoções das crianças, na elaboração do diagnóstico e na orientação prática pedagógica e terapêutica a seguir em cada caso. Além dos vários técnicos, também os pais são chamados a implicarem-se e a participarem no projecto pedagógico-terapêutico dos filhos. Este modelo de intervenção, muito centrado nos problemas e na realidade individual de cada criança, tem como característica fundamental a relação espontânea e afectiva que se estabelece entre os técnicos e a criança com base, e através da qual, se procura conhecer os bloqueios que impedem a criança de evoluir de uma maneira normal e concertar as práticas pedagógicas e terapêuticas que ajudam a criança a superar esses bloqueios.

"A Pedagogia Terapêutica" era, para João dos Santos, um conceito vivo e evolutivo, um modo quase artesanal de aproximação de crianças em idade escolar, embaraçadas no seu natural percurso de socialização e do aprenderem a ler, escrever e contar. Pela via de um trabalho de atenção e de interesse pela criança enquanto pessoa, orientado pelos afectos dos adultos em consonância com os bloqueios, os abatimentos ou as irrequietudes das crianças, conseguia-se uma retomada nos processos maturativos, que arrastavam pela positiva, os obstáculos ao gosto natural pelo aprender" (Salgueiro, E., In Castillo, C., Salgueiro, E., 2005: 9).

Fundamentalmente, procura-se criar com a criança uma relação de segurança que a motive a comunicar com o exterior de si, libertando bloqueios, fantasias e medos que acabaram por exprimir-se no comportamento e nas dificuldades de aprendizagem escolar. No sentido de (re)criar este espaço relacional, todo o trabalho se desenvolve numa dinâmica relacional centrada na criança, nos seus interesses, saberes e vivências onde se pontuam mais as capacidades do que os insucessos e dificuldades, permitindo que a criança expresse o seu pensamento ou mundo interior (sentimentos, conhecimentos, desejos e emoções), através das várias formas de linguagem (palavra, grafia, gesto, atitudes). Como João dos Santos ensinou "o pensamento vive da sua possibilidade de expressão pela palavra, pela grafia, pela atitude, pelo movimento (Santos, 1991b), assim, para os técnicos e/ou educadores estes trabalhos

Educação, Saúde e Desenvolvimento

pedagógicos não servem tanto como instrumentos de avaliação de conhecimentos, mas sim como expressões do funcionamento mental da criança e da evolução do seu funcionamento afectivo e cognitivo.

Neste sentido, valorizam-se, particularmente, as actividades de livre expressão (oral, gráfica, corporal, plástica), como forma promotora de expressão/exteriorização do mundo interior das crianças. Do mesmo modo, são privilegiadas as actividades que possibilitam o desenvolvimento da imaginação e da fantasia e, consequentemente, do pensamento e da linguagem como é o caso da leitura e conto de histórias. Dado que são crianças com dificuldades de relação e socialização são também desenvolvidas actividades que potenciam vivências colectivas como jogos, dramatizações, festas, visitas, conferências, exposições e acampamentos no sentido da responsabilização, cooperação, estreitamento de relações e conhecimento mútuo. A par do trabalho com as crianças é desenvolvido um trabalho de intervenção com as famílias.

Com Eulália Barros parece podermos dizer que a pedagogia terapêutica "institucionalmente funciona como um espaço/tempo de transição, aproveitando a transposição para a pedagogia de fundamentos da psicoterapia centrada no cliente para permitir uma outra comunicação, clarificando sentimentos confusos, fantasmas escondidos e organizados em resistências e ignorâncias prolongadas, através das quais a criança se protege inconscientemente dos seus próprios medos. Desta forma se vai ajudando as crianças a assumirem a sua personalidade autêntica mas reprimida, recalcada, adiada ou mesmo atingida por sintomas com expressão somática. Orienta-se assim a aquisição de saberes, a circulação da informação e a produção simbólica de acordo com a personalidade, as características e a história de vida das crianças" (Barros, 1999: 91-92).

Não obstante as muitas e profundas dificuldades por que passou e o facto de após trinta anos de existência continuar a ser uma instituição ímpar, mas infelizmente isolada no universo educativo do nosso país, a Casa da Praia resistiu, continuando a trabalhar para a mesma finalidade que originou a sua criação. Actualmente, uma Instituição Particular de Solidariedade Social, destina-se ao apoio pedagógico e terapêutico a crianças que, por problemas de foro emocional ou comportamental, apresentam dificuldades na aprendizagem e/ou adaptação escolar.

A pedagogia terapêutica evidencia a relação indissociável existente entre educação e saúde, concretizando-se numa via terapêutica para contornar e/ou ultrapassar perturbações do normal desenvolvimento contribuindo para o estabelecimento do equilíbrio e bem-estar, "deve, (por isso), ser integrada na arte de curar" (Santos, 1976. Pedagogia Terapêutica. Comunicação apresentada ao Congresso *Encontro dos Psicólogos*, Lisboa: Arquivo da Casa da Praia). No entanto, "não deve ser receitada só porque é terapêutica! Não deve haver diagnosticantes que a receitem e executantes que a pratiquem (logo não é um pelouro da saúde). Não podem existir os que a mandam aplicar e os que a executam. Nenhum técnico, quaisquer que sejam os seus conhecimentos teóricos, se pode arrogar o direito de *mandar-ensinar*, sem ter ele próprio prática de ensino. [...] Não pretende ser uma ciência mas uma actuação prática [...] Sempre que possível, a orientação terapêutica deve respeitar o essencial dos métodos utilizados pelos pedagogos e por todas as pessoas intervenientes na educação da criança" (Ibidem).

Como podemos constatar, no pensamento e praxis de João dos Santos a educação é inseparável da saúde, pois é a educação maternal relacional que promove o desenvolvimento neuronal e biopsicológico do bebé, assim como é todo o processo educativo que se segue que possibilita o desenvolvimento da racionalidade e espiritualidade que caracterizam o ser humano equilibrado e saudável.

Por seu lado a educação pressupõe saúde e relações equilibradas entre mãe e filho, educador educando, condição necessária para que o desenvolvimento e a aprendizagem decorram com normalidade. A educação tem como finalidade a saúde mental, ou seja, a plena integração e inserção do ser humano (da criança) na família, na escola, na comunidade e na cultura (Cf. Antunes, 2003b).

1.3. Importância da Relação no Processo de Educação/ /Formação

Entendida no sentido de comunicação, de troca recíproca de pensamentos, ideias, emoções e afectos, *a relação* está na base e caracteriza todo o pensamento e doutrina de João dos Santos, conferindo-lhe o estatuto de condição necessária e/ou indispensável a todo o processo de educação/formação equilibrado e saudável. Da existência ou não desta relação está dependente o desenvolvimento físico e mental da criança, a aquisição da aprendizagem e conhecimentos e o processo de educação/formação, ou autoconstrução de uma identidade equilibrada e saudável ao longo da vida. "Hoje não há psicanalista competente que não o admita. Mas podemos, com justeza, atribuir ao pai da saúde mental infantil em Portugal [...] esta ideia tão original e fecunda de conferir à *relação*, por si mesma, valor epistémico, pedagógico e terapêutico" (Branco, 2006: 198).

João dos Santos considera que todo o processo de educação/ /formação de uma individualidade tem a sua matriz na qualidade da relação que se estabelece entre a mãe e o seu bebé. Esta relação possui uma importância vital em todo o processo de autoconstrução participada da pessoa, pois "a simples existência dessas estruturas (sistema nervoso) não chega para que o recém-nascido humano se torne um ser pensante. Só os estímulos exercidos pela mãe e o jogo dos impulsos da criança (reacções positivas e frustrações), permitem o funcionamento das estruturas nervosas e psíquicas" (Santos, 1991a: 75).

Já importante no período gestacional, esta relação torna-se fundamental no período pós-maternidade, ou seja, o período em que a criança começa a descobrir/conhecer o mundo "a aprender o que de mais humano a caracteriza: a sorrir e a chorar, a receber e a dar afecto, a andar e a falar, a controlar-se e a não sujar, a destruir e a reconstruir as coisas que fazem parte do património do grupo" (Santos, 1982: 75-76).

Assim, a relação mãe-filho, entendida como afectiva, intuitiva e espontânea é de todas as relações intersubjectivas que marcam os momentos charneira do processo educativo, a mais privilegiada e determinante pois, "tudo quanto o homem tem de essencialmente humano, e faz parte da sua estrutura, aprende-o com a mãe" [...] "a criança aprende com a mãe, antes dos três anos, tudo o que há de essencial ao homem. A dominar-se, a andar, a manipular, a falar, a pensar [...]. O que se não aprende instintivamente com a mãe, não é susceptível de ser aprendido didacticamente" (Santos, 1991a: 69; 79).

João dos Santos considera que é com a mãe e, numa relação espontânea, intuitiva e afectiva que se criam as condições de possibilidade de a criança se desenvolver como um ser humano pensante capaz de conhecer, pensar, sentir e amar. É nesta primeira relação, construída na base da livre experiência, espontaneidade e afectividade (Cf. Antunes, 2003a), ou seja, verdade e autenticidade que caracterizam a educação relacional maternal ou comunicação mãe-filho estabelecida com base "na larga utilização das formas de linguagem relacionadas com a vida emocional, com o sentir" (Santos, 1991a: 163), que são criadas as condições à construção do pensamento conceptual, abstracto e simbólico. Como nos diz "não faz sentido separar afectividade de inteligência; vida afectiva e conhecimento" (Santos, 1991b: 77).

Pensamos ser importante referir que as mais recentes descobertas no campo das neurociências corroboram João dos Santos. Estudos realizados mostram que, praticamente a partir do nascimento, as crianças estabelecem uma comunicação emocional com a pessoa que trata delas, geralmente a mãe, e com base nessa comunicação a criança vai aprendendo a relacionar-se com o mundo e com as pessoas. "Surpreendentemente, [esta comunicação designada protoconversação], modela também o desenvolvimento intelectual: as lições emocionais intuitivas das protoconversações sem palavras do primeiro ano de vida erguem uma armação mental para os verdadeiros diálogos, a partir dos dois anos. E à medida que a criança domina o hábito de falar, aperfeiçoa essa conversação interior a que chamamos pensar" (Goleman, 2006: 242). Do mesmo modo as relações parentais durante os primeiros anos de vida parecem ter um papel importante "na formação da capacidade posterior da criança para gerir bem as suas emoções e lidar com situações sociais mais complicadas" (Idem: 257).

Muito antes de Daniel Goleman (1997) e (2006)[1] chamar a atenção para a inteligência emocional e, muito particularmente, para a sua importância nas questões da aprendizagem e da maturação intelectual, e de António Damásio mostrar a relação inextrincável existente entre a razão e a emoção afirmando que "a emoção bem dirigida parece ser o sistema de apoio sem o qual o edifício da razão não pode funcionar eficazmente" (Damásio, 2000), João dos Santos afirma ser fundamental a criação de uma relação espontânea e afectiva da criança, em primeiro lugar com a mãe e, posteriormente, com a família e os professores para que possa prosseguir a sua evolução normal. Escreve: "a razão tem, geneticamente, um ponto de partida emocional" (Santos, 1991a: 27). A ausência deste equilíbrio emocional, fruto do não estabelecimento de relações instintivas, espontâneas e afectivas profundas, sobretudo nos primeiros anos de vida, provocam, frequentemente, lacunas no processo de desenvolvimento, nomeadamente, ao nível da iniciação às matérias escolares. Daí, a necessidade em prevenir o equilíbrio emocional das crianças para que se torne possível o despertar da curiosidade e do gosto pela aprendizagem.

João dos Santos evidencia, assim, a importância fundamental que a relação mãe-filho tem no desenvolvimento harmonioso deste

---

[1] É importante salientarmos o pioneirismo de João dos Santos pelo facto de muitas décadas atrás referir a descoberta do mundo pela criança através da relação com a mãe, relação esta estabelecida numa linguagem que denomina de pré-verbal ou infra-verbal e, nesta obra, Daniel Goleman referir esta mesma relação, estabelecida naquilo que denomina de protoconversação apoiando-se em estudos actualíssimos levados a cabo na Universidade de Edimburgo.

e, consequentemente, no futuro de uma sociedade saudável e equilibrada. Neste sentido, adverte para a necessidade prioritária de compreender que um processo de desenvolvimento equilibrado e saudável exige da mãe ou dos técnicos de educação responsáveis pela guarda da criança uma relação de disponibilidade, sendo que esta relação deve pautar-se por ser uma relação privilegiada afectivamente, "a falta de uma relação favorável entre ambos conduz à doença mental precoce ou tardia" (Santos, 1991a: 74). Daniel Goleman, no seu livro *Inteligência Social,* dá-nos conta de estudos recentes que mostram que "interacções felizes e sintonizadas são tanto uma necessidade básica da criança como comer ou arrotar. Faltando--lhes cuidados parentais síncronos, correm um risco muito maior de crescer com padrões de ligação emocional perturbados. Em resumo, as crianças que receberam as doses certas de empatia tendem a tornar-se seguras de si mesmas; pais ansiosos produzem filhos ansiosos, e pais frios e distantes produzem filhos frios e distantes que fogem à emoção e às outras pessoas. Na idade adulta, estes padrões manifestar-se-ão como estilos de relacionamento seguros, ansiosos ou evitantes. A transmissão destes padrões de pais para filhos parece fazer-se sobretudo pelo relacionamento" (Goleman, 2006: 243-4).

João dos Santos considera que sempre que a mãe tem que trabalhar a "função maternal pode ser exercida pela creche se o seu pessoal for composto de *pessoas autênticas,* supervisionadas, em equipa, por técnicos com formação profissional adequada [...]. Para que a creche possa exercer a sua função maternal, é necessário que ela se alimente e viva de uma forte participação das mães e das famílias" (Santos, 1982: 86), ou seja, que viva um ambiente relacional e afectivo idêntico ao que se vive em contexto familiar.

Estudos recentes reiteram a opinião de João dos Santos no que concerne ao papel fundamental e determinante da relação mãe-filho, pois evidenciam que "a simples discrepância na maneira como as mães cantam para os filhos prenuncia a enorme diferença no ambiente emocional que as crianças vão sentir durante o crescimento – e no modo como vão sentir-se em todos os outros relacionamentos importantes que hão-de ter ao longo da vida. As mães deprimidas têm compreensivelmente dificuldade em envolver-se em protoconversações felizes com os filhos; falta-lhes a energia para os alegres tons do maês" (Goleman, 2006: 247).

Uma vez que, como afirma, "só é verdadeiramente educativo o que se realiza com amor" (Santos, 1991a: 198), João dos Santos considera que a educação maternal relacional é o modelo educativo por excelência porque realizado através de relações espontâneas e afectivas entre a criança e a mãe num clima de verdade e autenticidade, onde educar é verdadeiramente "relacionar-se, comunicar pessoa a pessoa", "oferecer-se como modelo" (Santos, 1991b: 129; 144).

Neste sentido, a educação maternal deve constituir o modelo de todo o acto educativo e, de um modo muito particular, da educação escolar. Isto significa que a acção pedagógica escolar deve operacionalizar-se segundo os princípios referenciais da espontaneidade, da livre experiência, da centralidade nos interesses e necessidades da criança – "o conhecimento humano resulta da possibilidade oferecida à criança, de aprender livre e espontaneamente" (Santos, 1991a: 24), – e de uma relação de especial proximidade educador-educando caracterizada pelo afecto, dialogicidade e cumplicidade do processo interactivo educação/aprendizagem. Assim, "a escola devia dar continuidade ao método maternal que ensina com amor e nutre o espírito da criança mais do que todos os manuais" (Ibidem).

Enquanto proporcionador de condições de crescimento e facilitador de aprendizagens, o educador tem, no modelo pedagógico de João dos Santos, uma importância relevante, não é um mero transmissor de conhecimentos passíveis de memorização pois, "a limitação da escola tradicional ao campo puramente intelectual não é aconselhável" (Idem:151), mas alguém que constrói uma relação afectiva com a criança, uma vez que "toda a educação deve ter por base o amor pela criança, e o afecto e sentimento ligado ao ensino das matérias" (Idem: 41). Esta relação afectiva deve caracterizar-se, também, pela interactividade e dialogicidade, base da possibilidade de autocrescimento de todas as potencialidades da criança pois, "sem actividade recíproca do mestre e do aluno, sem relação afectiva [...] o ensino não é educação, é adestramento" (Ibidem).

Mais do que transmitir informações, ao educador cabe a tarefa de suscitar afectiva e emocionalmente nos alunos interesse e motivação para os diferenciados conteúdos e temáticas a desenvolver (cognitivas, éticas, cívicas, culturais, etc.), criar condições de encontro com novos horizontes de visibilidade, "é necessário que os educadores ajudem a criança a descobrir os elos de ligação entre a linguagem das emoções e a linguagem verbal racionalizante" (Idem: 27), condições de descoberta e construção de conhecimentos a partir do encontro entre o familiar e o estranho, promover a discussão com base na co-existência de diferenciados pontos de vista e envolver de forma participante os alunos na construção dos conhecimentos.

Os educadores devem ser "personagens reais e não autómatos, eruditos e sofisticados" (Santos, 1991a: 67), cuja primeira preocupação deve consistir em ajudar a criança a fazer a passagem da educação relacional maternal para a educação escolar pois, esta transição exige da criança uma separação e autonomização face ao grupo referencial protector e familiar que, não sendo devidamente acompanhada, pode provocar uma ruptura no processo do normal desenvolvimento da criança. Sendo equivalente "a uma ruptura traumática com o ambiente geográfico e a língua materna [...] a escola primária introduz uma descontinuidade no processo evolutivo da cognição – passagem da inteligência prática para a inteligência teórica – que implica e exige que a continuidade da comunicação afectiva ou linguagem, integre a língua falada e escrita. Não sendo assim, a escola agrava a neurose, promove o fracasso da aprendizagem e a inadaptação escolar" (Santos, 1991b: 316).

O papel do educador é fundamental para que esta passagem decorra nas melhores condições no sentido de uma aprendizagem com sucesso, sendo para isso necessário que a escola se revista de um ambiente familiar, investindo em relações afectivas entre educador-educando. Só no contexto de relações intersubjectivas afectivas, o educador é capaz de diagnosticar o contexto familiar, o universo cultural e o discurso linguístico utilizado no pequeno grupo familiar e comunitário a que a criança pertence, ajudando-a a fazer a transição (deste seu pequeno mundo intuitivo e afectivo) para o mundo da linguagem falada e escrita utilizado na escola. Pois, "a linguagem e até a língua do grupo a que a criança pertence, não é, com muita frequência, a mesma que se exprime e ensina na escola" (Santos, 1991b: 316). Parece-nos relevante referir que estudos recentes mostram o quanto João dos Santos estava certo acerca do papel do educador e da escola. Como Goleman chama a atenção "a investigação mostra cada vez mais que os alunos que se sentem ligados à escola – aos professores, aos outros alunos, à própria escola – obtêm melhores resultados académicos. [...] Quanto mais os professores os apoiarem, e quantos mais amigos e actividades extra-curriculares lá tenham, mais os alunos se sentem integrados na escola" (Goleman, 2006: 409;555).[2] Goleman corrobora inteiramente as ideias de João dos Santos dizendo-nos que "os bons professores são como os bons pais. Ao oferecer uma base estável, o professor cria um ambiente que permite aos cérebros dos alunos darem o seu melhor. Esta base torna-se um porto seguro, uma zona de força a partir da qual podem aventurar-se a explorar, a dominar algo de novo, a conseguir" (Idem: 411).

A aprendizagem escolar exige, também, uma certa maturidade e a vivência de um conjunto de experiências ao nível do sentir e da emoção que se adquirem através do jogo, da pintura, do desenho, do canto, do teatro, etc. O educador deve conhecer o nível e a qualidade das experiências vividas e interiorizadas pela criança, uma vez que estas experiências de base emocional estão na base de toda a apren-

---

[2] Para consultar estas investigações ver – *Journal of School Health*, 74, n.º 7, Setembro de 2004. Edição Especial.

dizagem. "Pensamento e linguagem são aspectos únicos da emoção, pelos quais cada um pode representar mentalmente o mundo e criar símbolos" (Santos, 1966: 63-4). Neste sentido, torna-se necessário o educador compreender como se realizaram estas experiências, ou seja, compreender a qualidade da relação estabelecida entre a mãe e a criança e, no caso da presença de uma relação desajustada, compreender as lacunas que esta produziu ao nível do funcionamento mental e tentar repará-las. Ao educador cabe a tarefa de ajudar a criança a descobrir os elos existentes entre a linguagem das emoções usadas aquando dessas experiências e a linguagem racional utilizada na escola compreendendo que a aprendizagem não pode ser exclusivamente racional, porque a razão tem, geneticamente, um ponto de partida emocional. Assim, é necessário que na escola se brinque, jogue, pinte, desenhe, cante, etc. (Cf. Santos, 1991a: 27), é necessário, primeiramente, deixar a criança expressar-se livremente a nível emocional e corporal através do desenho, da pintura, da dança, e da palavra, antes de se lhe ensinar os símbolos gráficos. "Sendo óbvio que há uma preparação pré-escolar feita pelas mães, na sua relação pessoal com os filhos, tem de haver, necessariamente, uma continuidade entre o que se aprende antes da escola e o que se aprende depois do ingresso na escola" (Santos, 1988: 26).

Esta continuidade é operacionalizada pelo educador que, fundamentalmente, deve ajudar a criança a fazer a passagem da compreensão intuitiva dos objectos e dos símbolos para a compreensão da sua expressão gráfica. Quando esta passagem não é realizada nas melhores condições contribui para o aparecimento de problemas relacionados com as dificuldades na aprendizagem e integração escolar. Estes, normalmente, não dependem directamente de factores sociais, médicos e psiquiátricos mas, essencialmente, do funcionamento mental; afectivo-emocional; instrumental ou psico-motórico e intelectual, ou seja, factores emocionais e afectivos (Cf. Santos, 1991b).

Uma vez que da qualidade espontânea e intuitiva da relação, depende uma boa comunicação, ou seja, uma melhor capacidade para emitir e receber mensagens, a questão da relação adquire uma relevância incontornável não só, como acabamos de expor, a nível pedagógico mas, também, a nível terapêutico. Em ambos os casos, com apoio numa relação espontânea e intuitiva, procura-se melhorar ou, pelo menos, minorar os problemas que impedem as pessoas de se realizarem e serem felizes.

Do mesmo modo, a construção de uma relação espontânea e intuitiva entre médico-doente permitirá ao doente uma melhor capacidade de comunicar o que pensa, sente e necessita, e ao profissional de saúde compreender melhor o sentido das mensagens. Ou seja, em ambos os casos proporcionará entre estas duas pessoas um encontro verdadeiro, autêntico e proporcionador de (trans)formação, mudança. Só com base numa relação e comunicação autênticas é possível ao médico uma correcta observação de dados e sua interpretação e uma adequada tentativa de resolução. "[…] a observação só é passível ser feita em moldes científicos e, portanto, objectivos, se a relação entre observador e observado significar, de facto, encontro de subjectividades" (Santos, cit in Branco, 2006: 195). Assim, para o médico a pessoa do doente deve significar algo mais do que a disfunção de que padece, alguém com quem é necessário estabelecer uma verdadeira relação se se procura/pretende exercer nele uma acção terapêutica. Como João dos Santos nos diz "[…] o mais importante em medicina é a *relação* humana que liga o médico ao doente" (Santos, cit in Branco, 2006: 196). Também neste aspecto, estudos recentes acerca do papel das emoções na saúde corroboram as ideias de João dos Santos. Estes estudos mostram que "o corte e a dor custam menos quando são acompanhados por uma expressão de bondade e de interesse. Ser notado, sentido e cuidado alivia a dor de uma forma muito significativa. A indiferença e a rejeição amplificam-na" (Goleman, 2006: 368). Os argumentos científicos evidenciam que João dos Santos estava certo pois, uma análise de estudos realizados mostra que "um tom de voz que mostre interesse e envolvimento emocional faz com que as palavras do médico pareçam ajudar mais. Um bónus: quanto mais satisfeitos ficavam os pacientes, melhor recordavam as instruções do médico e mais fielmente as seguiam" (Idem: 371).

Do que acabamos de expor, facilmente podemos compreender a relevância que a *relação* adquire no pensamento e praxis pedagógica e terapêutica de João dos Santos. Em última análise, a relação significa o ponto axial, base do normal desenvolvimento do ser humano, do seu processo de crescimento, aperfeiçoamento, integração e realização como ser humano e cidadão. A relação – espontânea, intuitiva, autêntica e verdadeira – é promotora do normal desenvolvimento mental, da descoberta e conhecimento do mundo, da aprendizagem escolar e, também, de cura e acção terapêutica; enquanto que a sua não existência causa bloqueios, dificuldades de aprendizagem e integração, sofrimento e doença. João dos Santos confere à relação uma relevância fundamental nas dimensões básicas da vida: na educação e na saúde. Deste modo, ela encerra em si mesma valor educacional, epistémico e terapêutico.

Efectivamente, João dos Santos (1913-1987), com a sua vida e a sua obra construiu um projecto verdadeiramente inovador, pondo ao serviço da educação e da saúde os seus profundos e diversificados conhecimentos teóricos e práticos construídos ao longo do seu multifacetado percurso de vida, enquanto professor, médico, pedagogo, psiquiatra e psicanalista. É, sem dúvida, a interdisciplinaridade resultante de todos estes campos de saber e de acção que lhe permitiram a construção teórica e prática de uma aliança indissociável entre a educação e a saúde que resultou num novo paradigma, uma forma revolucionária (para o seu tempo) e inovadora (ainda para os dias de hoje) de entender e agir nos campos da educação e da saúde.

Como nos diz Jaime Milheiro, João dos Santos foi "pioneiro, criador de ideias, organizador de práticas, mensageiro de instituições, foi arauto do que na Europa se fazia de melhor e veículo de modernidade. Ninguém como ele trouxe claridade ao conhecimento psicológico da criança e o desenvolveu e valorizou, no sentido formativo, educacional e terapêutico (AAVV, 1999: 20).

CAPÍTULO 2

"Na verdade, quanto mais vejo o mundo, mais claro se torna que qualquer que seja a nossa situação, quer sejamos ricos ou pobres, educados ou não, qualquer que seja a nossa raça, género ou religião, todos desejamos ser felizes e evitar o sofrimento".

(DALAI-LAMA, 2000)

EDUCAÇÃO E SAÚDE DOIS PILARES DO DESENVOLVIMENTO

Nos nossos dias a íntima ligação entre educação e saúde tem vindo a ser, cada vez mais, aceite como uma fórmula integradora do processo de crescimento dos seres humanos e de desenvolvimento sustentável das comunidades. Com clarividência verificamos que a educação ao longo da vida e a saúde estão intimamente ligadas: em acções de promoção da saúde, em acções de medicina preventiva e em acções de educação/formação.

Compreendemos, hoje, com bastante evidência que viver com saúde é, também, objecto de aprendizagem pois, os saberes que pessoas e comunidades detêm, sejam eles formais ou informais, conseguem evitar, controlar e melhorar muitos problemas de saúde. Do mesmo modo se foi tornando muito claro que a saúde é um requisito fundamental para a aprendizagem e promoção do processo educativo e, outrossim, que a educação e a saúde são pilares fundamentais do bem-estar individual e comunitário imprescindíveis ao desenvolvimento.

Sem dúvida, para que a conectividade destas práticas pudesse ser entendida como incontornável na promoção de bem-estar muito contribuiu a evolução de que os conceitos de educação, saúde e desenvolvimento foram objecto, ao longo das últimas décadas do século findo.

Não obstante tudo isto, é ainda muito frequente verificarmos que os conceitos e as práticas de Educação, de Saúde e de Desenvolvimento continuam de costas voltadas só se interligando em contextos e/ou situações isoladas e esporádicas.

Nesta segunda parte do livro, pretendemos, fundamentalmente, levar o leitor a reflectir um pouco acerca desta (não) aliança entre educação, saúde e desenvolvimento partindo das seguintes abordagens:

- evolução dos conceitos "educação" e "saúde" ao longo século XX;
- co-implicação dos conceitos "educação" e "saúde" e suas práticas;
- recontextualização das relações entre "educação" "saúde" e "desenvolvimento".

2.1. Evolução dos Conceitos "Educação" e "Saúde" ao Longo do Século XX

Se nos anos 50 do século XX a educação escolar, dirigida às crianças e jovens, era sinónimo de toda a educação (ou melhor dizendo instrução), consistindo numa mera transmissão/assimilação de informações, o contexto europeu do após guerra ocasionou a necessidade de estender a educação à população adulta activa.

Educação, Saúde e Desenvolvimento

Mesmo nos países onde a escolarização tinha atingido níveis considerados elevados, a população sentia-se ultrapassada nos seus conhecimentos face às novas tecnologias e exigências do mercado de trabalho. É neste contexto que surge a Primeira Conferência Internacional de Educação de Adultos (Elseneur, Dinamarca, 1949). Esta conferência marca o início do processo de evolução do conceito de educação, dela emergindo um novo sector da educação – a educação de adultos. A par da tarefa de preparar as crianças e os jovens à educação subjaz, também, responder às necessidades concretas dos membros activos da sociedade de modo a permitir-lhes uma maior realização pessoal e profissional. "A educação de adultos tem por objectivo fornecer aos indivíduos os conhecimentos indispensáveis ao desempenho das suas funções económicas, sociais e políticas e, sobretudo, dar-lhes possibilidades de, através da sua participação na vida da comunidade, viver uma vida mais completa e mais harmoniosa" (UNESCO, 1949: 12).

Esta nova abordagem da educação, enquanto um processo que abrange jovens e adultos, ou seja, um processo que ocorre ao longo da vida, ganha forma nos textos da Segunda Conferência Internacional de Educação de Adultos (Montreal, Canadá, 1960). Os delegados presentes nesta reunião propõem que se passe a considerar a educação de adultos não como um complemento, mas sim como uma parte integrante do sistema educativo, apelando aos estados signatários para o facto de fazerem chamar a si a responsabilidade de pôr à disposição de todos crianças, jovens e adultos facilidades e oportunidades educativas. "[…] o estado deve preocupar-se com a educação de adultos como uma parte essencial e integral do sistema educacional total do país. […] deve estar preocupado e ser responsável pelo facto de as facilidades educativas serem aproveitadas por todas as crianças […] e todos os adultos […]" (UNESCO, 1960: 22).

Parece-nos importante salientar que, ao tempo desta reunião, começa a tornar-se claro que a sociedade não possui um fundamento transcultural e a-histórico, antes pelo contrário é uma comunidade de individualidades contingentes responsáveis pela construção da sua história de vida, assim como da história das comunidades de que faz parte. Deste modo a educação, enquanto processo que procura criar condições de desenvolvimento de todas as capacidades do homem deve ser uma aposta fundamental dos Estados pois, só ela pode dar resposta aos desafios que a (re)construção da Europa impõe.

Com a Declaração de Nairobi (1976) elaborada após a Conferência de Tóquio (1972), a educação passa a ser percepcionada "como a totalidade dos processos organizados de educação [...] na dupla perspectiva de um enriquecimento integral do homem e sua participação no desenvolvimento socioeconómico e cultural equilibrado e independente" (UNESCO, 1976: 16).

À semelhança do que aconteceu nas conferências anteriores, a educação de adultos continua a ser o tema que anima a maior parte das sessões da Quarta Conferência Internacional de Educação de Adultos (Paris, 1985). Os textos desta conferência revelam já uma concepção de educação entendida como processo permanente e comunitário recomendando aos países participantes que assegurem a todos o direito à educação; escolar ou não escolar, das crianças, jovens ou adultos.

Os participantes na Quinta Conferência Internacional de Educação de Adultos (Jotiem,Tailândia, 1990), reforçam a ideia da educação como um direito fundamental de todos e a chave que permite, quer o progresso social, económico e cultural, quer a tolerância, a cooperação e a solidariedade. Todos devem beneficiar de oportunidades educativas que permitam suprir as suas necessidades básicas, logo pressupõe-se um processo educativo permanente que permita criar e desenvolver competências ao longo da vida, no sentido do melhoramento das condições de vida das populações.

A educação não é mais entendida como preparação para a vida, ao invés redimensiona-se em função dela, ou seja, das oportunidades que oferece e das necessidades que suscita constituindo, assim, um processo que salta os muros da educação escolar e institucionalizada e da finalidade imediata de obtenção de um diploma, proporcionador de uma profissão. A educação concretiza-se no próprio percurso de vida, numa perspectiva permanente (uma vez que se concretiza ao longo da vida) e comunitária (já que tem lugar em todos os espaços em que o homem vive e age).

De uma perspectiva unidimensional conectada apenas com a dimensão do saber, a educação abarca, hoje, as quatro dimensões consideradas na proposta educativa apresentada pelo novo relatório à UNESCO da autoria da Comissão Internacional, presidida por Jacques Delors. Tendo em conta um mundo em mudança que exige uma adaptação constante a novos conhecimentos, contextos relacionais, culturais e profissionais, a Comissão menciona quatro pilares que apresenta como bases da educação "aprender a conhecer, isto é, a adquirir os instrumentos da compreensão; aprender a fazer, para poder agir sobre o ambiente; aprender a viver com os outros, a fim de participar e cooperar com eles e aprender a ser" (Delors, 1996: 17).

Ao longo do decénio de 90, tiveram ainda lugar várias conferências com o objectivo de reflectir acerca dos problemas considerados mais cruciais para a vida das populações. A Conferência das Nações Unidas sobre o Ambiente e o Desenvolvimento (Rio de Janeiro, 1992); a Conferência Mundial sobre os Direitos do Homem (Viena, 1993); a Conferência Internacional sobre a População e o Desenvolvimento (Cairo, 1994); a Quarta Conferência Mundial sobre as Mulheres (Beijing, 1995); a Quinta Conferência Internacional de Educação de Adultos, (Hambourg, 1997).

O que nos parece importante salientar é o facto de, em todas estas ocasiões, a educação ter sido considerada o elemento indispensável à resolução dos problemas evidenciando-se como o instrumento incontornável para uma vivência digna no século XXI (Antunes, 2001).

A educação foi-se desenvolvendo numa perspectiva holista preocupada em desenvolver todas as capacidades do ser humano, entendendo-o como um ser multidimensional e holístico que se vai construindo nos contactos que vai estabelecendo na sua praxis sociocomunitária rumo à sua autocriação/autoformação participada como pessoa e como cidadão.

Entende-se, assim, o homem como o principal agente do seu processo de autocriação/autoformação participada, alguém que conduz o seu projecto de vida consciente da sua responsabilidade, dito de outro modo, alguém que não deve simplesmente viver a história, mas sim fazê-la. O homem é entendido como o resultado do conjunto de contingências naturais e culturais que vai experienciando ao longo da vida e, neste sentido, um ser histórico e inacabado, um ser em projecto que, em função das suas vivências, se redescreve e recontextualiza ao longo da vida. Assim sendo, as oportunidades de auto-realização aumentam com as oportunidades de educação constituindo-se esta o trampolim de acesso à auto-realização e auto--enriquecimento humanos. Educação e vida constituem duas faces de um mesmo processo, entendendo-se que à educação subjaz "criar condições para que o indivíduo possa prosseguir o seu processo de autocriação, de auto-enriquecimento e isto significa criar condições para que seja capaz de resolver os seus problemas como homem e como cidadão" (Antunes, 2001: 167).

Significativo neste processo é levar o homem a aprender a aprender pois, uma vez desenvolvida esta capacidade ele será capaz de prosseguir o seu processo de autoformação, aprendendo com todas as experiências e relações que estabelece, recriando-se e redescrevendo-se continuamente. Do mesmo modo é importante estimular o interesse e a participação no processo de autoformação participada e, neste ponto, tocamos o ponto nevrálgico de todo o processo de educação e de vida; a questão da relação educador-educando no processo de construção do ser humano.

À semelhança da evolução do conceito de educação, também o conceito de saúde foi, nas últimas décadas do século XX, objecto de redefinição. A primeira grande redescrição deste conceito surge no âmbito da Primeira Conferência Internacional sobre Cuidados de

Saúde Primários (URSS, 1978), da qual resulta a Declaração de Alma-Ata onde, pela primeira vez, a saúde aparece definida em termos positivos e entendida como "estado de completo bem--estar físico, mental e social (e espiritual – será acrescentado mais tarde –) e não apenas a ausência de afecções ou doenças" (OMS, 1978: 2).

Esta concepção de saúde sugere que o homem passa a ser entendido como um ser multidimensional, holístico, inacabado e em processo de autoformação. Assim sendo, a saúde não pode apenas ser encarada como ausência de saúde mas como um estado e um processo de completo bem-estar. Do mesmo modo não pode ser considerada como uma situação estática e estável, mas sim como um processo dinâmico em permanente evolução e transformação ao longo da vida, processo esse integrado e holístico tendo em conta as várias dimensões do ser humano físicas, psíquicas, sociais, económicas, ambientais, culturais, etc.

Tal como aconteceu com o conceito de educação, também o conceito de saúde adquire, já nesta Primeira Conferência, a perspectiva de um processo permanente e comunitário, ou seja, um processo a realizar ao longo da vida e um processo que não concerne unicamente ao sector e profissionais da saúde, mas antes deve envolver todos os sectores da comunidade e todos os indivíduos de forma participativa e responsável.

Torna-se claro, fundamentalmente a partir da Carta de Ottawa, decorrente da Primeira Conferência Internacional sobre a Promoção da Saúde (Ottawa, Canadá, 1986), que o modelo biomédico está definitivamente ultrapassado, enquanto modelo que faz dos profissionais de saúde os seus agentes fundamentais. O conceito de Promoção de Saúde surgido nesta conferência recontextualiza, uma vez mais, o horizonte da saúde, pois a Promoção de Saúde aparece aqui definida como "o processo que permite às populações exercerem um controlo muito maior sobre a sua saúde e melhorá-la" (OMS, 1986: 2). Percepciona-se, então, claramente que o processo de saúde deve centrar-se no ser humano que para alcançar um estado de completo bem-estar deve ser capaz de identificar as suas necessidades e alterar os seus comportamentos com vista a um estilo de vida mais saudável. Do mesmo modo, a leitura desta Carta elucida o facto de que toda a comunidade deve estar empenhada em cooperar no processo de adopção de estilos de vida saudáveis. Neste documento, a saúde aparece como um processo capaz de ser controlado e melhorado através da livre e responsável participação individual/ /comunitária, ou seja, da implicação dos "indivíduos, famílias e comunidades" (Idem: 3).

Neste sentido, a Declaração de Ottawa considera prioritária a criação e implementação de políticas públicas saudáveis; a criação de ambientes propícios à saúde; o desenvolvimento de competências individuais; o reforço da acção comunitária e a reorientação dos serviços de saúde (OMS, 1986), com o objectivo de assegurar a criação de condições que permitam "a aquisição de saúde por todos" (OMS, 1986: 6).

Em todas as declarações resultantes das conferências que se seguiram Adelaide (1988); Sundsvall (1991); Jacarta (1997); México (2000); Banguecoque (2005) podemos verificar que, gradativamente, a saúde vai sendo apresentada como um processo cada vez mais complexo, resultante de um sistema inter-relacional e multidimensional no qual intervêm factores biológicos, psicológicos, espirituais, sócio-culturais, ambientais, políticos e económicos. Considera-se urgente a tomada de decisão e implementação de políticas e medidas em todos os sectores capazes de mobilizarem os recursos e as comunidades, as organizações governamentais e não- -governamentais, nacionais e internacionais no sentido da criação de ambientes fomentadores de saúde (OMS, 1991).

A saúde passa a ser entendida como um direito humano básico e indispensável ao desenvolvimento sócio-económico (OMS, 1997), assim, aos países cabe a criação de condições políticas, jurídicas, educativas, sociais, ambientais e económicas adequadas ao apoio da promoção da saúde (OMS, 1997). Neste sentido, a promoção da saúde é entendida como uma prioridade cuja finalidade é assegurar a participação de todos os sectores da sociedade na concepção, implementação e avaliação de actividades concernentes à realização de uma análise diagnóstico às necessidades no campo da saúde, o estabelecimento de políticas e programas e o desenvolvimento da investigação e mobilização dos recursos em saúde (OMS, 2000a). Na carta de Banguecoque, a promoção da saúde assume o foco central do desenvolvimento das políticas nacionais e internacionais, bem como uma responsabilidade de todos os governos e na qual devem ter uma participação activa as comunidades, as sociedades civis, as organizações governamentais e não-governamentais (OMS, 2005).

À medida que o conceito de saúde se vai redefinindo vamos verificando, tal como aconteceu com o conceito de educação, que se vai revestindo de uma dimensão comunitária, assumindo-se uma nítida interdependência da saúde com políticas públicas, com parcerias sociais, económicas e educativas, com estruturas de organização e gestão de recursos, etc. A redefinição do conceito desenvolveu-se no sentido do aumento de poder de decisão e participação das pessoas e das comunidades na promoção da saúde, factor de desenvolvimento pessoal e social.

Torna-se cada vez mais evidente que a capacitação das pessoas e a participação das comunidades são factores chave de promoção da saúde e, consequentemente, que a educação entendida como aprendizagem ao longo da vida é a chave para que a saúde seja um bem acessível a todos, dotando os indivíduos de competências que lhes permitem controlar e melhorar a sua saúde.

Em última análise, poderemos dizer que a evolução e ressignificação destes dois conceitos "educação" e "saúde" conduziram a uma nítida co-implicação, quer dos conceitos em si mesmos, quer das suas respectivas práticas. A educação e a saúde são duas realidades interdependentes no processo de autoformação participada de pessoas equilibradas e integradas.

É desta co-implicação que nos ocuparemos no ponto seguinte.

2.2. Educação e Saúde: Co-implicação dos Conceitos e das Práticas

O paradigma de conectividade, actualmente aceite por todos, investigadores e público em geral, entre os conceitos e práticas de educação, saúde e desenvolvimento sustentável é, como pudemos verificar no ponto anterior, uma realidade resultante da evolução que estes conceitos e práticas foram sofrendo a partir da segunda metade do século XX.

Um olhar mais atento aos documentos[3] que testemunham a evolução, redescrição e ressignificação destes conceitos evidencia uma recontextualização destas dimensões numa perspectiva holista, que entende o homem como um ser multidimensional e o principal agente de (trans)formação do seu percurso de vida e da comunidade em que vive.

Se o actual conceito de educação ao longo da vida torna claro que a Educação é uma realidade muito mais vasta e complexa que o mundo escolar, as modernas concepções de saúde e promoção da saúde revelam que a Saúde é também uma realidade muito mais ampla que o universo da medicina convencional (médicos, enfermeiros, hospitais e centros de saúde).

A finalidade última de uma concepção de educação ao longo da vida é criar condições de desenvolvimento e aperfeiçoamento de todas as dimensões e potencialidades do ser humano no sentido de este se tornar capaz de resolver todos os problemas que enfrenta no dia a dia. Falamos, portanto, de uma concepção de educação holista e integral que compreende todas as facetas de um ser humano, da pessoal à profissional e da técnica à espiritual e religiosa.

---

[3] Referimo-nos, fundamentalmente, aos documentos da UNESCO resultantes das Conferências Internacionais de Educação de Adultos, onde foram discutidos e deliberados assuntos e problemáticas concernentes à Educação, e aos documentos resultantes das Conferências de Educação e Promoção da Saúde organizadas pela OMS onde foram discutidas e deliberadas decisões importantes relativas à Saúde.

Tendo em conta a significativa evolução do conceito de educação, proposta pelas conferências internacionais de educação da UNESCO, a partir da segunda guerra mundial, é importante voltarmos a referenciar a Declaração de Nairobi (1976), documento onde surge pela primeira vez a expressão educação permanente (life-long education and learning). Este documento elaborado, como referimos já no ponto anterior, após a Conferência de Tóquio (1972), constitui uma declaração de princípios que os estados signatários se comprometem a cumprir para a concretização de um processo de educação permanente entendido como projecto educativo único e global que integra a educação escolar e a educação dos adultos. A Declaração de Nairobi concebe, portanto, um processo educativo a realizar ao longo da vida englobando a educação formal, não-formal e informal e contemplando, deste modo, a possibilidade de se criarem condições de desenvolvimento de todas as capacidades do ser humano. Neste documento é já visível uma concepção de educação que concebe o homem como agente da sua própria educação "[…] homens e mulheres são os agentes da sua própria educação, através de uma interacção contínua entre os seus pensamentos e acções" (UNESCO, 1976: 2, recomendação n.º 1).

De um modo mais explícito ainda, do que aquele que encontramos no documento da Conferência de Paris (1985), a Conferência Mundial de Educação para Todos, em Jomtien, Tailândia (1990) "vem alargar o horizonte das preocupações educativas e propor o objectivo de encontrar soluções que resolvam as necessidades básicas de aprendizagem para todas as crianças, jovens e adultos (Antunes, 2001: 62). Este documento torna evidente que a educação é um direito fundamental de todos e, neste sentido, os países signatários deveriam desenvolver um plano de acção educativa multidimensional de forma a planificar e orientar acções educativas em diversos sectores: escolarização, formação profissional, educação para a saúde, educação para a cidadania, educação ambiental, etc. "Qualquer pessoa – criança, jovem ou adulto – será capaz de beneficiar das oportunidades educacionais designadas para satisfazer as suas necessidades básicas de aprendizagem. Estas necessidades compreendem, quer os instrumentos essenciais de aprendizagem (tais como literacia, expressão oral, cálculo e resolução de problemas), quer conteúdos básicos de aprendizagem (tais como conhecimentos, competências, valores e atitudes) requeridas pelos seres humanos para serem capazes de sobreviver, para desenvolver as suas capacidades, para viver e trabalhar dignamente, para participar no desenvolvimento, para promover a qualidade das suas vidas, para tomar decisões conscientes e continuar a aprender" (UNESCO, 1990: art. 1, n.º 1).

À semelhança do que tinha acontecido na comissão internacional presidida por Jacques Delors, também os delegados presentes na Conferência de Hambourg (1997), convencidos de que a educação ao longo da vida é uma necessidade sem a qual as populações não conseguirão participar na vida social do séc. XXI, empenharam-se para que a todos sejam dadas possibilidades de usufruir do direito à educação. "Convencidos da necessidade da educação de adultos, nós que estamos reunidos em Hambourg, comprometemo-nos a que todos os homens e a todas as mulheres se venha a oferecer a possibilidade de aprender ao longo da vida. Neste cenário, constituiremos alianças mais amplas a fim de mobilizar e pôr em comum os nossos recursos para fazer da educação de adultos uma alegria, um meio, um direito e uma responsabilidade partilhada" (UNESCO, 1997: 17). Significativo e pertinente é entendermos que a educação evoluiu no sentido de um processo que se realiza ao longo de toda e cada história de vida e abarcando todas as dimensões da vida.

Nesta perspectiva, compreendemos facilmente que a auto-realização equilibrada do ser humano passa, também, incontornavelmente, pelo saber lidar com o seu corpo e os problemas de saúde que, eventualmente, o podem afectar. Efectivamente, a melhor forma de lidar e evitar problemas de saúde é saber o que são esses problemas, ter informação acerca do funcionamento do organismo, saber o que fazer e como fazer para prevenir ou remediar um desequilíbrio orgânico ou psíquico.

Prevenir epidemias, evitar, diminuir e/ou retardar o apa-re-cimento de doenças é uma forma de promover uma vida mais saudável, uma melhor qualidade de vida e, consequentemente, a possibilidade de uma maior auto-realização pessoal e comunitária.

Sem dúvida a educação/formação desempenha aqui um papel de extrema importância.

Nos parâmetros dos mais recentes desenvolvimentos no campo da saúde, e tendo como referencial o modelo holista, o indivíduo é entendido como um todo no qual as dimensões biológica, psíquica, espiritual, social e cultural, entre outras, são componentes de uma totalidade indivisa, neste sentido, a saúde é entendida como um estado de bem-estar que engloba todas as dimensões do ser humano.

A Conferência Internacional sobre Cuidados de Saúde Primários de que resultou a Declaração de Alma Ata (1978), realizada no âmbito das Nações Unidas e patrocinada pela Organização Mundial de Saúde (OMS), marca um ponto de viragem importante relativamente à forma de se conceber, compreender e viver a saúde já que, pela primeira vez, neste documento, se define saúde pela positiva, ou seja, não apenas como um estado de ausência de doença mas como "um estado de completo bem-estar físico, mental e social e não simplesmente a ausência de enfermidade" (OMS, 1978: 2). Ainda neste documento é importante realçarmos mais duas ideias pioneiras:

a) as questões relacionadas com a saúde aparecem associadas não só a factores biológicos mas também às condições psico-sociais;

b) a co-responsabilização e participação alargada das pessoas, comunidades e governos nas questões da saúde.

Em 1986, com a realização da Primeira Conferência Internacional de Promoção da Saúde da qual resultou a Carta de Ottawa surge mais uma ideia pioneira no campo da Saúde, a OMS propõe a expressão "Promoção da Saúde" definindo-a como "o processo que permite às populações exercerem um controlo muito maior sobre a sua saúde" (OMS, 1986: 2).

No decurso do tempo e, ao longo das várias Conferências Internacionais de Promoção da Saúde, os princípios das Cartas de Alma--Ata e Ottawa foram sendo reiterados e alargados atribuindo-se nas primeiras uma importância cada vez maior ao sistema político, económico e ambiental e assistindo-se nas duas últimas a uma insistência muito grande numa co-responsabilização cada vez maior por parte dos indivíduos, famílias e comunidades. Assistimos, assim, à construção de uma noção de saúde mais abrangente que supõe que os comportamentos individuais e colectivos emergem como factores determinantes, entendendo-se a saúde como um processo de grande complexidade onde intervêm múltiplos factores que são determinantes na promoção de estilos de vida saudáveis.

Uma vez compreendido e aceite o facto de que os factores determinantes na promoção de estilos de vida saudáveis não são os profissionais de saúde mas os comportamentos individuais e colectivos dos seres humanos, a educação em saúde assume "uma importante função no âmbito da promoção da saúde e da prevenção da doença" (D'Espiney, 2004: 7). A educação na área da saúde passa a ser entendida como um factor essencial às mudanças de comportamentos e atitudes necessários ao estabelecimento de estilos de vida saudáveis.

Assim, a educação/promoção da saúde é entendida como um conjunto diversificado de procedimentos que permitem às pessoas aumentarem as suas capacidades, não só para exercerem um maior controlo sobre a sua saúde, mas sobretudo para melhorá-la. O objectivo é dotar os indivíduos de capacidades que lhes permitam mudanças comportamentais positivas no sentido de controlarem os factores determinantes da saúde, ou seja, "a adoptarem decisões conscientes e responsáveis com vista à preservação, melhoria e conservação do seu nível de saúde"(Andrade, 1995: 22).

Educar para a saúde implica pois, motivar para a construção de conhecimentos que conduzam à livre adopção de atitudes e comportamentos promotores de estilos de vida saudáveis criando assim condições para que o indivíduo "se sinta bem consigo próprio e com os outros, e a desenvolver um sentido de responsabilidade em função do seu bem estar, assim como o dos outros" (Gomes, 2003b: 22).

A educação para a saúde faz-se, então, com as pessoas e não para as pessoas e, mais do que informar e instruir, visa desenvolver em cada um as capacidades necessárias para, com base nos conhecimentos adquiridos e interiorizados, fazer as suas opções no sentido de conservar e/ou melhorar o seu nível de saúde. Dado que os indivíduos "criam e agem em função dos seus interesses, a assimilação de um saber faz-se pela descoberta, pela experiência, pela criatividade e pela autonomia"(Andrade, 1995: 36), é necessário trabalhar com as pessoas a partir do seu mundo experiencial, de significação e valoração, para não lhes retirar o sentido da vida, mas sim facilitar a recombinação de novos conhecimentos e a (re)criação da realidade. "[…] compete aos educadores comunitários uma eficaz prestação de informação, um verdadeiro serviço público, a partir das suas funções nas instituições da administração ou das organizações da sociedade civil, formais ou informais. Mas esta informação, legislativa, política, económica, tributária, cultural, agrícola, (da saúde) deve ser descodificada e sintetizada, de acordo com os parâmetros e códigos culturais e educativos das comunidades" (Raimundo, 2002: 66).

Promover a aprendizagem de conhecimentos e mudança de comportamentos e estilos de vida enraízados, pressupõe levar as pessoas a compreenderem, aceitarem e integrarem esses novos conhecimentos no seu mundo de significações e, para que isso se torne possível, o educador em saúde tem que conhecer esse mundo, tem que conhecer as necessidades, interesses, aspirações e crenças das pessoas, passar a fazer parte dessa comunidade para ser por ela aceite e, então, ser ele aceite como facilitador de aprendizagem de estilos de vida mais saudáveis. Trata-se de uma questão de relação, de confiança, de empatia. A educação para a saúde "é efectuada com os indivíduos e as comunidades, num processo dinâmico, fomentador de autonomia, co-responsabilizante, suscitando a co-construção de novas significações, quer a nível individual, quer a nível comunitário" (Sousa, 2000: 2).

A população-alvo das acções de educação para a saúde necessita da ajuda dos profissionais para compreender os seus problemas de saúde, as funções vitais do organismo e tomar consciência da responsabilidade que tem na prevenção de doenças e manutenção ou melhoramento do seu nível da saúde. Do mesmo modo o educador de saúde necessita da população para compreender as necessidades, aspirações, crenças, valores e significações mítico-simbólicas que orientam as suas histórias de vida e, assim, compreender os seus comportamentos e promover a sua eventual alteração. Este trabalho, contudo, exige conhecimentos e competências apuradas ao nível das relações interpessoais, da comunicação verbal e não-verbal, das competências de inter-ajuda, compreensão e solidariedade. Neste sentido, o educador de saúde tem que possuir formação pedagógica para poder ser um educador e não meramente um transmissor de informações vazias de conteúdo vital que dificilmente são compreendidas e interiorizadas e, consequentemente, raramente conduzem a mudanças comportamentais. A educação/formação para a saúde só será eficaz se for passível de promover mudanças comportamentais e atitudinais pois, "não há formação sem modificação, mesmo que muito parcial, de um sistema de referências ou de um modo de funcionamento" (Dominicé, 1988: 53).

Ao educador de saúde cabe o papel de disponibilizar instrumentos/condições, ou seja, incutir nos indivíduos uma forte motivação para a construção activa de conhecimentos, capacidades e valores que lhes permitam alcançar um melhor nível de saúde. O objectivo é trabalhar com a população num registo de investigação-acção participativa apostando numa forte intervenção e participação do grupo no sentido de se gerarem acções mentais e materiais que permitam conhecer, reforçar e/ou alterar os contextos a serem trabalhados.

Do acima referido, inferimos facilmente que a educação ao longo da vida e a saúde estão intimamente ligadas. As acções de medicina preventiva, acções de sensibilização e acções de informação/formação evidenciam que viver com saúde é também e, de uma forma muito particular, uma questão de educação, outrossim, os saberes das comunidades sejam informais ou profissionais ajudam a resolver muitos problemas de saúde. A educação é o factor chave que nos permite promover o nosso potencial de saúde, através de comportamentos saudáveis permitindo, assim, que a nossa intervenção no campo da saúde não se reduza a uma atitude correctiva relativamente aos desequilíbrios que possam atingir o nosso organismo. "Infelizmente, as próprias políticas de saúde, neste país aparentemente desenvolvido, têm-se centrado quase só nos tratamentos e pouco tem sido investido na saúde como um bem a promover. [...] por isso mesmo os grandes investimentos económicos no diagnóstico e tratamento de doenças têm tido resultados bastante fracos no que respeita à relação custo-benefício" (Ferreira, 2003b: 25).

2.3. Recontextualização da Relação entre Educação, Saúde e Desenvolvimento

Paralelamente, também o conceito de desenvolvimento e a relação que foi sendo estabelecida, quer entre desenvolvimento e educação, quer entre desenvolvimento e saúde se foi alterando ao longo destas últimas décadas.

Ao analisarmos os documentos das primeiras Conferências Internacionais da UNESCO detectamos claramente que foram motivações de carácter económico que impulsionaram a evolução do conceito e das práticas educativas. A concepção de educação de adultos, que emerge da Primeira Conferência Internacional de Educação de Adultos, Elseneur (1949), surgiu claramente da necessidade de requalificar profissionalmente os trabalhadores de uma Europa do pós-guerra, praticamente destruída, na posse de novas tecnologias com as quais a população activa não estava preparada para trabalhar. Generaliza-se, então, a ideia que a educação é o agente fundamental do processo de (re)construção da Europa ou, dito de outro modo, que a educação é um pré-requisito necessário ao desenvolvimento socioeconómico, estabelecendo-se uma relação causal directa entre educação e desenvolvimento económico e este facto leva as entidades estatais a fazerem maiores investimentos na educação (Cf. Antunes, 2001: 33).

Ainda que os textos desta Primeira Conferência façam alusão a uma concepção de educação que deve "assegurar uma formação intelectual geral assim como uma formação social e artística" (UNESCO, 1949: 5), os debates e os textos evocam fortemente a questão da formação contínua no sentido de aperfeiçoamento e requalificação profissional.

Embora de forma mais mitigada e subtil, dando lugar, progressivamente, a uma concepção de educação integral, que deve atender a todas as dimensões do homem, podemos ainda encontrar este pendor de desenvolvimento economicista na segunda (1960), na terceira (1972), e na quarta (1985) Conferências Internacionais de Educação de Adultos.

Parece ser lícito pensar que o princípio axial que norteava os debates de educação, fundamentalmente, até à Terceira Conferência Internacional de Educação de Adultos, Tóquio (1972), era um conceito de desenvolvimento marcadamente económico e redutor, ou seja, que se confundia com o crescimento económico ou para ele se orientava. Neste sentido, a educação era entendida como um meio para o desenvolvimento, ou seja, uma população mais qualificada a nível profissional seria um factor importante de desenvolvimento, no sentido em que uma população com mais formação (profissional) seria uma população mais produtiva e rentável. Por outro lado, o desenvolvimento económico teria como consequência um melhor sistema educativo, com mais e melhores escolas e profissionais, mais equipamentos, etc. Sem dúvida, a educação de adultos começou por responder às necessidades de actualização da população

Educação, Saúde e Desenvolvimento

activa, constituindo-se, fundamentalmente, como um programa de formação profissional (Cf. Antunes, 2001: 47).

A modalidade de educação de adultos resultante destas duas primeiras conferências ficou conhecida como muito redutora e foi fortemente criticada e rebatida, no sentido de ser ultrapassada, pelos delegados da Terceira Conferência Internacional de Educação de Adultos, Tóquio (1972). Pretende-se que "os estados membros adoptem uma política geral de educação de adultos cuja finalidade seja despertar nos adultos uma consciência crítica do mundo histórico e cultural em que vivem de forma a que possam transformar esse mundo pela sua acção criadora" (UNESCO, 1972: 41).

Mesmo na Quarta Conferência Internacional de Educação de Adultos, Paris (1985), apesar da preocupação por uma educação integral é ainda muito visível uma atenção muito especial à mão--de-obra desqualificada e os problemas que acarreta para o desenvolvimento económico, como podemos constatar no seguinte excerto: "numerosos oradores acordaram em dar prioridade às actividades que preparam os adultos a participar no desenvolvimento socioeconómico e cultural e muito particularmente na formação profissional" (UNESCO, 1985: 24).

Na Conferência Mundial de Educação para Todos, Jomtien (1990), já não encontramos qualquer atenção especial à formação profissional e, a partir desta conferência, passa a defender-se que a educação deve ser considerada um factor de desenvolvimento integrado com vista à auto-realização do ser humano enquanto homem e cidadão. É importante realçarmos o facto de que na Declaração de Hamburgo decorrente da Quinta Conferência Internacional de Educação de Adultos, Hamburgo (1997), a educação "torna-se mais que um direito, a chave para o séc. XXI […] contribui fortemente para a instauração de um desenvolvimento ecológico duradouro, para a promoção da democracia, da justiça, e da igualdade entre os sexos, para o desenvolvimento científico, social e económico e para a edificação de um mundo que à violência preferirá o diálogo e uma cultura de paz fundada na justiça" (UNESCO, 1997: 9).

A análise destes documentos, permite-nos pensar que a relação entre educação e desenvolvimento se foi alterando no sentido de se entender a educação como pilar fundamental para o desenvolvimento entendido não como crescimento económico mas como desenvolvimento integrado e sustentável de indivíduos e comunidades.

Sensivelmente até à Declaração de Alma-Ata (1978) encontramos, de forma idêntica, a relação entre desenvolvimento e saúde, muito dirigida pela economia.

No âmbito de um conceito de desenvolvimento marcadamente economicista e, tendo em conta um conceito de saúde como ausência de doença, uma população saudável era entendida como um factor importante de crescimento económico, uma vez que a população "sem doenças" é mais rentável e produtiva. Do mesmo modo este crescimento económico traria como consequência uma sociedade com um melhor sistema de saúde com melhores instituições, profissionais e equipamentos. Como no caso da educação, também no caso da relação com a saúde encontramos a Economia a liderar e a determinar esta cooperação.

A Declaração de Alma-Ata (1978) que, como referimos já, assinala um ponto de viragem na forma de conceber a saúde entendendo-a como um estado de completo bem-estar físico, mental e social, e neste sentido, considerada um direito humano fundamental, deixa ainda transparecer um interesse marcadamente economicista. A leitura de algumas passagens desta Declaração (como por exemplo as duas que referimos de seguida) deixa-nos, ainda, a ideia de que é importante cuidar da saúde dos povos porque essa medida tem consequências positivas a nível do desenvolvimento económico. "A promoção e protecção da saúde dos povos é essencial para o contínuo desenvolvimento económico e social [...] [assim] uma das principais metas sociais dos governos [...], deve ser a de que todos os povos do mundo atinjam até ao ano 2000, um nível de saúde que lhes permita levar uma vida social e economicamente produtiva" (OMS, 1978).

Educação, Saúde e Desenvolvimento 67

Pensamos poder dizer que na Carta de Ottawa (Canadá, 1986) não encontramos, pelo menos explicitamente, este indicador de cariz economicista. Encontramos referência a que "uma boa saúde é um dos maiores recursos para o desenvolvimento social, económico e pessoal e uma dimensão importante da qualidade de vida" (OMS, 1986: 3). Nesta Declaração, a saúde, para além das suas responsabilidades na prestação de serviços clínicos e curativos deve orientar-se, fundamentalmente, para a promoção da saúde entendida como "o processo que permite às populações exercerem um controlo muito maior sobre a sua saúde e melhorá-la" (OMS, 1986: 2). A Declaração de Ottawa denota a preocupação em chamar a atenção para o facto de a saúde não ser exclusivamente da responsabilidade do sector da saúde, exigindo recursos pessoais e sociais para atingir o bem--estar. Neste sentido, torna-se necessário implementar políticas de saúde pública, criar ambientes favoráveis a estilos de vida saudáveis e promover acções de promoção da saúde para capacitar as populações para que sejam capazes de identificar, controlar e modificar tudo o que for determinante para a sua saúde.

É importante salientar que na Segunda Conferência Internacional sobre Promoção de Saúde (Adelaide, Austrália, 1988), que reafirma os princípios estabelecidos e reitera as recomendações da Carta de Ottawa, encontramos de novo, de uma forma mais explícita, a ideia de que a evolução e as preocupações com a saúde são movidas por interesses económicos. Os textos da Conferência reafirmam que a "saúde é um direito fundamental" mas, dizem também, que "a adopção, a curto prazo, de políticas públicas saudáveis conduzirá, a longo prazo, a benefícios económicos, conforme foi demonstrado através dos estudos de caso, apresentados nesta Conferência" (OMS, 1988: 3). Noutro passo refere-se que "os governos desempenham um papel importante na saúde mas esta área é também influenciada em grande parte, por interesses económicos e corporativos [...]" (OMS, 1988: 5).

A Terceira Conferência Internacional de Promoção da Saúde (Sundsvall, Suécia, 1991) que analisou conjuntamente as temáticas da saúde e do ambiente, evidenciando a necessidade de tornar os ambientes – físico, social, económico e político – favoráveis à saúde em vez de, como se verifica em muitos casos, contribuírem para a sua deterioração, manifesta e denuncia este interesse economicista enquanto mentor do desenvolvimento afirmando que "as decisões políticas e o desenvolvimento industrial são, com muita frequência, baseados em planeamento de curto prazo e em ganhos económicos que não têm em conta os verdadeiros custos da saúde das pessoas e do ambiente [...]. [Neste sentido], a Conferência de Sundsvall apela à Comunidade Internacional para que estabeleça novos mecanismos de responsabilização pela prestação de contas em matéria de saúde e de ecologia, assentes em princípios de desenvolvimento sustentável da saúde" (OMS, 1991: 7). A conferência de Sundsvall demonstra já que as questões de saúde e de desenvolvimento integrado e sustentável não podem ser separadas.

Efectivamente, esta ideia não ganhou muita força na Quarta Conferência Internacional sobre Promoção da Saúde (Jacarta, Indonésia, 1997), apesar de se ter dado muito ênfase à necessidade de se estabelecerem políticas públicas de promoção de saúde e à criação de parcerias no sentido de se alcançar níveis de bem-estar, e melhor qualidade de vida das populações.

Contudo, na Quinta Conferência Internacional sobre Promoção da Saúde (México, 2000) é evidente a ideia de que a saúde não deve ser entendida como um meio para o desenvolvimento (entendido no sentido económico), mas sim um pilar do desenvolvimento sustentável. Neste sentido, os delegados desta conferência consideram que para que seja possível dar continuidade e incrementar os processos que desenvolvem atitudes práticas e capacidades de promoção da saúde é necessário entender que as questões da saúde e do desenvolvimento não podem ser separadas, recomendando "a mobilização de recursos (financeiros, materiais e humanos) para assegurar a execução e sustentabilidade das políticas e práticas de promoção da saúde em todos os níveis" (OMS, 2000: 23).

Na Sexta Conferência Internacional sobre Promoção da Saúde (Banguecoque, Tailândia, 2005) saúde e desenvolvimento são problemáticas inextrincáveis, entendendo-se claramente que a saúde e o bem-estar das populações são o primeiro e o mais importante indicador do desenvolvimento. Neste sentido, os delegados nesta reunião recomendam como primeiro dos quatro compromissos chave dos países nela representados que "a promoção da saúde seja uma componente primordial da agenda do desenvolvimento mundial" (OMS, 2005: 4).

Os textos desta conferência evidenciam claramente que a promoção da saúde se baseia num direito humano fundamental e se funda num conceito positivo de saúde enquanto factor determinante da qualidade de vida das populações que engloba o bem-estar físico, mental e espiritual. A promoção da saúde, enquanto projecto que procura capacitar as pessoas para o exercício de um maior controlo sobre a sua saúde podendo, assim, melhorá-la, deve constituir uma função central da saúde pública.

Como procuramos mostrar, a evolução que estes três conceitos foram sofrendo ao longo dos últimos decénios proporcionaram uma reformulação das relações que entre eles se desenham e das suas correspondentes práticas.

Como constatamos, o conceito de educação evoluiu no sentido de uma concepção de educação entendida como processo permanente e comunitário, apostado em criar condições de um aperfeiçoamento harmonioso e integrado de todas as capacidades do homem. Por seu lado, a saúde passou a ser entendida como um processo dinâmico de completo bem-estar tendo em conta todas as dimensões do homem físicas, mentais, sociais, espirituais e interdependente de outras componentes; económicas, ambientais, culturais, etc.

Por seu lado, também o conceito de desenvolvimento evoluiu, adquirindo relevância importante não apenas a dimensão económica mas aspectos como a auto-realização dos indivíduos, a sua participação na vida sociocomunitária, a promoção de capacidades, valorização do meio ambiente, envolvimento das comunidades locais, etc.

Na esteira desta redefinição conceptual, educação, saúde e desenvolvimento passam a ser componentes essenciais do bem-estar entendido num sentido multidimensional e holístico, ou seja, constituem uma mesma problemática. Entendendo que o bem-estar é sempre o resultado (provisório e dinâmico) de um "certo" desenvolvimento e, sendo a educação e a saúde sistemas proporcionadores de bem-estar, então, poderemos dizer que a educação e a saúde constituem pilares fundamentais do desenvolvimento. À luz da redefinição destes conceitos não é possível falar de desenvolvimento, sem falar de educação e/ou de saúde e vice-versa.

CAPÍTULO 3

> "Em rigor não faz sentido adjectivar o desenvolvimento, a não ser para nos demarcarmos dos significados que a palavra assume na linguagem corrente [...]. Ele constitui um processo (social total)".
>
> (SILVA, A.S., 1988)

EDUCAÇÃO AO LONGO DA VIDA E DESENVOLVIMENTO

Nos nossos dias, educação significa, no seu sentido mais amplo e global, educação ao longo da vida, ou seja, um processo de auto-construção participada de uma individualidade que se vai edificando em função do conjunto de experiências factuais e culturais com que se vai confrontando ao longo da sua história de vida.

Neste sentido, a educação ao longo da vida, ou seja, enquanto um processo permanente é, por nós, entendida no seu sentido genuíno de "life-long education and learning" surgido, na década de setenta, na Declaração de Nairobi. Um processo empenhado no desenvolvimento integral do homem e em promover a integração plena, e por isso, activa, participativa, crítica, responsável e criativa dos seres humanos nas suas comunidades de pertença, assim como a compreensão, respeito e convivência pacífica com todas as outras comunidades.

Por seu lado, o termo desenvolvimento é, sem dúvida, um termo polissémico tendo vindo a adquirir diferentes significações em função de diferentes opções político-ideológicas. Não cabendo aqui lugar para o tratamento desta questão, uma boa compreensão do presente texto exige, no entanto, desde já, que o leitor seja informado de que entendemos o desenvolvimento (integral e integrado, equilibrado e harmónico) de cada indivíduo – tendo em atenção as suas necessidades básicas (alimentação, habitação, saúde), necessidades socioculturais (educação, trabalho, cultura), e de emancipação, liberdade e participação – e das comunidades de que faz parte como a aspiração de qualquer projecto social, político, económico e/ou cultural que tem como finalidade o bem-estar e a melhoria da qualidade de vida (Cf. Requejo, 1989: 173-4).

Nesta terceira parte do livro, pretendemos convidar o leitor a participar no trabalho intelectual hermenêutico e interpretativo que, partindo do contexto do horizonte de compreensão que traçamos para estes dois conceitos, nos parece conduzir à ideia de que falar de educação ao longo da vida é falar de desenvolvimento, melhor dizendo, que parece não ser possível falar de educação ao longo da vida sem falar de desenvolvimento e vice-versa.

3.1. As Imperfeições do Modelo de Desenvolvimento Vigente

Ao respingarmos as passagens mais importantes da evolução conceptual e teórica do conceito de educação, o capítulo anterior permitiu-nos compreender que, embora ela tenha sido impulsionada por motivos económicos, gradualmente foi-se afastando deste objectivo, orientando-se no sentido do desenvolvimento integral e harmónico dos seres humanos e das comunidades.

Educação, Saúde e Desenvolvimento

No entanto, um olhar um pouco mais atento denota com facilidade não só uma multiplicidade e diversidade de acções e programas orientados para a educação/formação de pessoas adultas, como também uma variedade de rótulos para designar essas iniciativas. É um facto que entre estas várias actividades e o mundo da educação, propriamente dito, existem relações e intersecções, no entanto, não se pode dizer que são uma e a mesma coisa. O hábito enraizado de usarmos como sinónimos os conceitos educação, formação, actualização profissional, animação sócio-educativa, etc. conduz a muitas e sérias dificuldades. Para além da confusão terminológica evidencia-se aqui a presença de uma disparidade de concepções de educação, manifestando muitas práticas educativas uma concepção de educação muito redutora do ponto de vista científico mas, certamente, funcional do ponto de vista político e económico.

Ao nível da praxis comunitária intramundana, temo-nos vindo a afastar do sentido genuíno da "life-long education and learning", na altura traduzido pela expressão "educação permanente" à qual subjaz a ideia de uma política pública de educação de adultos. Uma política com orientações, princípios, apoios e financiamentos do Estado capaz de assegurar um processo educativo no qual as pessoas ao longo da vida "desenvolvam as suas atitudes, enriqueçam os seus conhecimentos, melhorem as suas competências técnicas ou profissionais, façam evoluir as suas atitudes ou comportamentos na dupla perspectiva de um enriquecimento integral e uma participação no desenvolvimento socioeconómico e cultural equilibrado e independente"(UNESCO; 1976: 2).

Efectivamente, afastamo-nos desta concepção de educação enquanto princípio e direito fundamental de crescimento, aperfeiçoamento e emancipação dos seres humanos, enveredando por uma perspectiva economicista de emprego e de mercado.

Nas últimas décadas, fundamentalmente ao nível da Comunidade Europeia, temos vindo a assistir a uma tendência que vincula educação e mercado de trabalho. Esta tendência traduz-se, quer em documentos[4] que definem orientações de acção relativamente a esta vinculação, quer nos mais diversos apoios comunitários concedidos aos estados-membros, destinados à formação profissional. Procurando resolver o problema do desemprego e da exclusão social, a Europa comunitária aposta, preferencialmente, numa mão-de-obra e numa economia mais competitivas deslocando, deste modo, a questão da educação ao longo da vida para a perspectiva redutora da aprendizagem ao longo da vida (activa).

As pessoas configuram as suas necessidade educativas e elegem o seu percurso de formação em função daquilo que consideram oportunidades de empregabilidade e não tanto oportunidades de enriquecimento/desenvolvimento integral. Neste contexto, a "ênfase que é colocada na importância da educação e da formação inscreve-se, fundamentalmente, numa perspectiva de sobredeterminação da educação por uma lógica de carácter económico que, cumulativamente, induz uma visão redutora e pobre dos fenómenos educativos" (Canário, 1999: 89). Deste contexto decorre o facto de, nesta área da educação de adultos, nos confrontarmos muito mais com os conceitos de formação, formação contínua, aprendizagem ao longo da vida, ou seja, formação profissional do que propriamente com o conceito de educação.

Este enviesamento na forma de entender a educação é, de algum modo, orientado pela concepção redutora do modelo de

---

[4] Referimo-nos de modo muito particular às obras: União Europeia (1994). *Livro Branco – Crescimento, Competitividade, Emprego. Os Desafios e as Pistas para Entrar no Séc.XXI.* Luxemburgo: Serviço das Publicações Oficiais das Comunidades Europeias e Comissão das Comunidades Europeias. (1995). *Livro Branco Ensinar e Aprender – Rumo à Sociedade Educativa.* Luxemburgo: Serviço das Publicações Oficiais das Comunidades Europeias.

Estas duas obras têm como tema central o problema do desemprego e as formas de o solucionar preconizando que uma das soluções mais eficazes é a educação ao longo da vida, ou seja, no sentido em que é apresentada trata-se de uma aprendizagem de carácter profissional (formação contínua e/ou requalificação profissional) destinada aos indivíduos que se encontram em fase de vida activa.

desenvolvimento vigente centrado na produção, crescimento e progresso ... económico.

Desde este ponto de vista, toda a ênfase é colocada na formação, actualização e requalificação profissional, entendendo-se o homem como um elemento deste sistema de crescimento e progresso, como trabalhador/produtor e não como homem integral na sua complexidade e globalidade. A educação de adultos, maioritariamente, parece orientar-se no sentido de "formar" para satisfazer as necessidades utilitaristas do mercado de trabalho, e da economia. Assim se explica a abrangência do enorme pacote de oferta e procura ao nível da educação, melhor dizendo, formação contínua/ /profissional de adultos e o interesse generalizado por este sector, "cada vez mais nos deparamos com grandes empresas a interessar-se por esta área" (Lima, 2006). De facto, a necessidade de formação e/ou reciclagem profissional tem feito proliferar uma rede de serviços de formação, de "indústrias culturais" que introduzem a formação no mercado de consumo, da mesma forma, e com os mesmos procedimentos, que se introduz qualquer outro produto material.

Neste contexto, sem dúvida, os termos educação e formação perdem substância e vigor em benefício de uma expressão que significa, essencialmente, dar condições de empregabilidade. Sob o pretexto de proporcionar os instrumentos indispensáveis para a integração e participação na vida sociocomunitária, a educação/ /formação tem vindo a converter-se numa mercadoria que toma a configuração da procura do mercado. A educação de adultos tem tido sempre, é um facto, uma forte orientação profissional mas, nos dias de hoje, esta vinculação parece ser mais justificada e fundamentada que nunca. A educação ao longo da vida com preocupações democráticas, emancipatórias e de cidadania é, por conveniência, relegada e substituída por um projecto redutor que centra as acções educativas e os seus objectivos a uma lógica economicista e de mercado de trabalho.

Seria, contudo, interessante questionar se este tipo de formação – orientada para a integração no mercado laboral – para além do crescimento económico constitui, também, um factor de crescimento e enriquecimento pessoal, social e cultural. Dito de outro modo, se ela resulta em benefício do adulto enquanto um ser que fundamentalmente procura "compreender e ser compreendido, amar e ser amado, viver feliz e partilhar o bem-estar" (Carrasco et al, 1997: 15).

Não queremos com isto dizer que a educação de adultos não deva integrar, também, a formação profissional mas, somente, que esta deve ser entendida como um elemento mais do conjunto da actividade humana, sem pretensões monopolistas de reorientar a formação profissional a uma perspectiva exclusivamente utilitarista e, outrossim, descurar a dimensão humana, social e cultural inerente a qualquer projecto de educação ao longo da vida (Idem).

Entendemos ser necessária uma educação/formação de adultos que promova a integração e participação dos indivíduos na – como é hoje designada – sociedade do conhecimento, no entanto talvez se torne necessário orientar a educação de adultos por outras coordenadas que, por princípio, melhor se ajustem ao conceito de educação, enquanto consciencialização, promoção da capacidade reflexiva e crítica e participação democrática activa na história. Coordenadas que privilegiem a concepção de um ser humano entendido como um ser em projecto, não apenas um ser histórico mas um ser que constrói a sua história, não apenas um ser que sofre a história, mas um ser que faz a história e, por isso, um ser que pensa, reflecte, critica, participa, (trans)forma, (re)cria e (re)inventa de forma consciente e livre. Equacionar diferentes modos de estar no mundo, novos modos de ser e de actuar, ou seja, novos espaços, problemas e perspectivas para a educação/formação de adultos. Como Licínio Lima adverte "a educação de adultos não pode estar entregue ao mercado [...] é preciso ver em que condições existe. Qual o conceito político, educativo e pedagógico que lhe dá sentido" (Lima, 2006).

Uma visão autónoma e científica da educação, legitimada pelos seus fundamentos teóricos, requer que a educação seja abordada e trabalhada na sua integralidade e, em função, do seu quadro teórico de referência. É imprescindível a existência de um guia científico e de uma planificação global, sem os quais, a educação de adultos perde a sua substância podendo, perigosamente, transformar-se num conjunto de percursos, programas e acções que seguem as modas e as necessidades do momento. Pensar a educação como processo de desenvolvimento integral de todas as capacidades do homem, de forma a tornar-se capaz de conhecer, interpretar, compreender e transformar o mundo de forma a poder melhorá-lo, significa que a educação, enquanto domínio científico, tem uma especificidade teo-rético-crítica definida independentemente das mudanças funcionais que se operam nos indivíduos e/ou nas comunidades históricas. Em última análise, não são os objectivos que mudam, mas sim os ins-trumentos, as metodologias e os contextos que precisam ser diversi-ficados para se ajustarem às necessidades específicas dos indiví-duos, dos problemas e das comunidades em que vivem.

O grande desafio que se põe à educação de adultos é, parece--nos, abordá-la a partir de uma perspectiva realmente científica, confrontar a actual tendência da educação/formação como consumo de conhecimento-produto utilitário em detrimento das dimensões meta-cognitivas de enriquecimento e aperfeiçoamento dos proces-sos de construção do conhecimento e do saber. A aposta deve, então, recair num reforço – intelectual e financeiro – da investigação na área da Ciência da Educação, enquanto eixo nodal que constitui o fundamento base da educação, no sentido de os seus princípios e finalidades não serem deixados à mercê das contingências e dos interesses particulares e sectoriais ditados pela lógica do mercado.

Enquanto domínio científico, é à Ciência da Educação que cabe eleger um conjunto de valores, ideais e finalidades que irradie nor-mas que orientem a investigação e a acção educativas e, outrossim, planifiquem e verifiquem a operacionalidade da orientação dada. Só do ponto de vista de quem pode estabelecer um confronto constante entre as orientações teóricas e a experiência pedagógica vivida se torna possível denunciar os conflitos e as incompatibilidades e, assim, recontextualizar a realidade educativa, quer conceptual, quer prática. De igual modo e, agora, nos parâmetros de uma epistemologia pós-bachelardiana, a Ciência da Educação deve assumir um ponto de vista reflexivo e crítico propondo uma reflexão constante acerca dos conceitos de homem, sociedade e educação, evitando a ideologização, a estagnação e o dogmatismo na investigação educacional constituindo-se, deste modo, como condição capital para a evolução das concepções e das praxis educacionais, ou seja, o aparecimento de propostas de transformação.

Só, pois, com o suporte de uma Ciência da Educação, enquanto ciência autónoma que tem como objecto de pesquisa e investigação a problemática educacional, ou seja, as questões e mundividências propriamente educativas, os projectos e programas educativos podem operacionalizar-se na perspectiva libertadora, crítica, emancipadora e utópica que verdadeiramente caracterizam a educação.

3.2. Uma Forma Diferenciada de Perspectivar o Desenvolvimento

A secção anterior evidencia que um modelo de desenvolvimento centrado nos referenciais do crescimento económico não serve os valores e as finalidades da educação. No caso de Portugal, mas à semelhança do que acontece noutras sociedades democráticas industrializadas, este modelo tem vindo a privilegiar os programas de ensino recorrente e de formação profissional e a consequente desvalorização das dimensões sócio-culturais historicamente idiossincráticas à educação.

Apoiando-nos num dos mais significativos documentos da UNESCO – a Declaração de Hamburgo (1997) – procuraremos mostrar que a educação só pode ser entendida no sentido de educação para o desenvolvimento integral e integrado dos indivíduos e das comunidades. Convocando as palavras de Augusto Santos Silva diremos que nos "referimos a um entendimento globalizante, não

Educação, Saúde e Desenvolvimento

economicista, do desenvolvimento – retendo, portanto dimensões económicas, sociais e culturais. [...] referimo-nos a processos sociais de desenvolvimento, na medida em que – sendo-os evidentemente todos – são-no num sentido mais específico e mais intenso aqueles protagonizados também por grupos, estruturas, instituições e/ou pessoas pertencentes às populações definidas como destinatárias dos programas empreendidos (Silva, 1990: 116).

Na sequência do espírito presente nos relatórios das conferências internacionais anteriores, na Declaração de Hamburgo desenha-se um conceito amplo de educação, a educação é um processo permanente – ocorre ao longo de toda a vida do ser humano – e comunitário – acontece em todos os contextos em que o homem vive, convive e age. "[...] mais que um direito, a educação é a chave para o século XXI [...] (Cf.UNESCO, 1997: 9), a forma de promover o desenvolvimento integral e integrado das comunidades e de cada indivíduo em particular, ou seja, de satisfação das suas necessidades físicas ou vitais (de alimentação, habitação e saúde) e psíquicas ou socioculturais (de educação, cultura, actividade, participação, etc.). A educação surge conectada a um conceito de desenvolvimento entendido como processo global de satisfação de necessidades e realização e (trans)formação de projectos de vida.

Esta concepção ampla de educação surge, também, na Declaração de Hamburgo, como condição capital para a "instauração de um desenvolvimento ecológico duradouro, para a promoção da democracia, da justiça, da igualdade entre os sexos, do desenvolvimento científico, social e económico [...]. O objectivo último deve ser a criação de uma sociedade educativa ligada à justiça e ao bemestar geral (UNESCO, 1997: 9;13). O mesmo será dizer que as finalidades da educação abrangem a multiplicidade de dimensões consideráveis na acção humana esgotando-se apenas na globalidade do desenvolvimento individual/comunitário. Isto significa que, embora como escreve Augusto Santos Silva "em sociedades, como a nossa, tão marcadas por esse poderoso contexto de socialização que é o trabalho [...] e quando dirigido, como é sua orientação preferencial, a pessoas e grupos desfavorecidos, o sucesso do trabalho educativo com adultos passa decisivamente pela formação para (e pelo) trabalho" (Silva, 1990: 107), as intervenções educativas devem revestir-se da mais diversa natureza (económicas, sociais, culturais, de conservação do ambiente, de saúde pública, de apoio a idosos, de acompanhamento pré-natal e familiar, de qualificação profissional, de animação, de promoção cultural, etc.), de modo a promover o desenvolvimento global e harmónico das pessoas e das comunidades.

Decorrente desta concepção ampla de educação e, também, na sequência do já recomendado em documentos anteriores, a Declaração propõe o alargamento da acção educativa. Esta concepção ampla de educação "engloba a educação formal e a educação permanente, a educação não-formal e toda a gama de possibilidades de aprendizagem informal e ocasional existente numa sociedade educativa" (Cf. UNESCO, 1997). O que aqui se propõe é o desenho de um sistema educativo que não se confina a uma rede institucional específica – o sistema educativo formal – mas que ocorre em variados contextos e se concretiza em variadíssimas modalidades. Não obstante o facto de ser, ainda hoje, um campo de práticas heterogéneo, difuso, com baixos níveis de estruturação e atravessado por múltiplas indefinições e tensões (Castro et al, 2006), o campo da acção educativa não escolar, ou seja, da intervenção sócio-educativa é fundamental para o desenvolvimento integral e integrado dos indivíduos e das comunidades. E, num país como o nosso, onde continuam a denotar-se níveis de educação/formação e qualificação, considerados francamente insatisfatórios para assegurar a participação activa e crítica na sociedade do conhecimento, os projectos sócio-educativos que se operacionalizam para além daqueles que, tradicionalmente, se efectivam no interior das instituições educativas formais, constituem um campo educativo indiscutivelmente relevante.

Ao pensar na concretização deste conceito amplo de educação, os delegados presentes na reunião de Hamburgo consideram que a

Educação, Saúde e Desenvolvimento 81

"nova concepção de educação dos jovens e dos adultos põe em causa as práticas educativas actuais na medida em que apela a uma verdadeira reorganização no seio dos sistemas formais e não formais [...] (UNESCO, 1997: 12). Como refere Silva "parece crescente, entre os educadores profissionais, a assunção do papel estratégico de iniciativas não formais em projectos de acção dirigidos a grupos e comunidades" (Silva, 1990: 105). Não obstante este facto ser indicador da importância de que estas iniciativas se revestem na promoção individual e colectiva, é importante lembrarmos que a intervenção sócio-educativa sofre recorrentemente de falta de apoio central e estatal e, consequentemente, de recursos, poderes e competências social e politicamente reconhecidas. Tal como o *Documento de Estratégia para o Desenvolvimento da Educação de Adultos* prevê, a intervenção comunitária de iniciativa da sociedade civil, requer a existência, a nível central, de uma fonte permanente de apoios vários, desde facilitar o acesso constante a conhecimentos mais avançados a evidenciar as potencialidades criativas de movimentos sociais e culturais, passando, também, pela sistematização e disseminação das boas práticas realizadas (Cf. Melo et al, 1988). Como Licínio Lima nos faz notar, "no terreno há coisas extremamente interessantes, há práticas inovadoras, há coragem cívica de pessoas que não desistem ... mas ... não podemos celebrar acriticamente estas realizações no terreno porque de repente a conclusão será ... o mercado e a sociedade civil resolveram tudo, não são precisas políticas públicas, não há que reivindicar financiamentos ... a verdade é esta, a educação de adultos em Portugal não terá possibilidade nunca de se consolidar sem políticas públicas e sem apoios financeiros do Estado" (Lima, 2006: 26-27). Por outro lado, como referimos já na secção anterior, a educação necessita ancorar-se, fundamentar-se e estruturar-se a partir de um ponto de vista científico que, evidentemente, se constrói e aprofunda nos meandros do sistema educativo formal.

Tomando em conta estas considerações seremos levados a concluir que este conceito amplo de educação (educação para o desenvolvimento) só será passível de concretização através da interacção e complementaridade entre o sistema formal de educação e os projectos de intervenção sócio-educativa para o desenvolvimento individual e comunitário, ou seja, a anunciada reorganização no seio dos sistemas formal e não formal. A educação para o desenvolvimento pressupõe, então, incontornavelmente, uma estratégia de reorganização do sistema educativo global e, muito particularmente, do sector da educação de adultos onde devem passar a ser valorizadas de igual forma as iniciativas formais e as iniciativas de intervenção sócio-educativa. Nas palavras de Augusto Santos Silva este "reequacionamento valorizando as abordagens territoriais globalizantes e o papel das iniciativas sociais, aponta, claramente, para a reorganização da rede pública de modo a que esta deixe de constituir um mero subsistema periférico das instituições formais da educação [...] e se transforme numa rede preparada para assumir funções de apoio, promoção e parceria face a dinâmicas de articulação entre sectores e serviços de acção social, em sentido lato, e face a projectos de intervenção multidimensional" (Silva, 1990: 108). Esta reorganização opõe-se, portanto, à redução da educação de adultos ao sistema formal, exigindo a descentralização e a valorização dos poderes educativos regionais e locais, assim como a promoção de parcerias sociais com instituições em que a educação adquira uma dimensão relevante. No âmbito desta transformação vislumbra-se um novo papel para o estado e a emergência de parcerias alargadas ao nível da sociedade civil. Pretende, em última instância, a educação de adultos "conquistar, de um lado, um estatuto de pleno direito no interior do sistema educativo; mas preparar e conduzir, do outro, as intervenções educativas específicas cada vez mais solicitadas em acções da mais diversa natureza, culturais, sociais ou económicas, da extensão rural ao serviço social, dos serviços de saúde aos movimentos cooperativos, da renovação urbana às questões do ambiente, etc., etc." (Idem: 109).

Efectivamente, e tendo em conta este ponto referencial conceptual e teórico a concepção de educação desenhada na Declaração de Hamburgo aparece vinculada ao desenvolvimento global, integrado, participado e auto-sustentado apelando à pluralidade de valores co-existentes nas histórias e nas comunidades humanas. Neste sentido, dirige-se a uma grande variedade de públicos (de modo a abranger todos, crianças, jovens e adultos) e recomenda a diversidade da natureza dos projectos e programas (de modo a abranger todas as áreas económico, social, cultural, cívico, ecológico, etc.), dos contextos e das modalidades de intervenção. Obviamente, este posicionamento requer profundas transformações nas estruturas educativas como por exemplo: alterações de política e administração educativa; novas relações entre o sistema educativo formal e parceiros sociais implicados no mundo educativo; coordenação entre processos e programas educativos institucionais e não institucionais, novas formas de entender a acção educativa (formação de educadores e educandos, espaços-tempos educativos, metodologias, etc.). Efectivamente, viver activamente na sociedade do conhecimento vai exigir alterações profundas na função educativa. "Nesta nova sociedade, as estruturas hierárquicas, rígidas e centralizadas são substituídas por estruturas flexíveis, de informação-intensiva, e de tipo 'rede', sempre em processo constante de auto-revisão e mudança. Tais estruturas exigem elevados níveis de conhecimentos e competências abrangentes, atitudes de abertura ao imprevisto, espírito de pesquisa e de curiosidade perante o desconhecido, e um profundo respeito pelo valor 'humano' e pelos princípios de equidade e de democracia" (Melo et al, 1998: 12).

3.3. Educação ao Longo da Vida (Permanente e Comunitária) e (Des)Envolvimento

A educação entendida neste sentido amplo, de que temos vindo a falar ao longo da secção anterior é uma concepção de educação que procura satisfazer as necessidades vitais e socioculturais propiciadoras do desenvolvimento pessoal e do desenvolvimento da comunidade. A educação é entendida como educação para o desenvolvimento individual/comunitário, um processo de autoconstrução participada promotor de trans(formações) pessoais, culturais, sociais, económicas e políticas. Deste ponto de vista o desenvolvimento, ao qual a educação está incontornavelmente vinculada, deixa de ter com ela uma "relação de causalidade linear, em que a qualificação (por via escolar) de recursos humanos constituiria um requisito prévio, necessário e suficiente, para desencadear processos de desenvolvimento. Este tende a ser encarado não como o produto de um acréscimo de escolarização, mas sim como o resultado da implicação na acção por parte dos interessados no processo de desenvolvimento que, assim, se constitui como uma aprendizagem colectiva em que a transformação social é concomitante com a mudança de representações (visão do mundo) e de comportamentos (modo de agir no mundo), quer individual, quer colectiva" (Canário, 1999: 64).

Efectivamente, o sentido mais profundo e a funcionalidade da educação para o desenvolvimento evidenciam-se, por excelência, no facto de esta ser "uma criação colectiva de grupos, sociedades, nações, quer dizer, processo global em que se empenham os agentes sociais, processo que eles conduzem e realizam (em vez de sofrê-lo)" (Silva, 1988: 46). Numa concepção de educação para o desenvolvimento o homem é o agente principal, um sujeito activo que participa, se envolve nas dinâmicas e processos históricos e sociais. Assim, a educação para o desenvolvimento caracteriza-se por ser uma intervenção baseada na participação da comunidade, ou seja, um processo interactivo de conquista de autonomia por parte das populações que tomando consciência das suas próprias necessidades e rentabilizando as suas capacidades e recursos tomam a iniciativa de um processo de promoção das suas condições de vida. Participar, significa por parte da comunidade: tomada de consciência espontânea e/ou suscitada dos próprios problemas e interesses, compreensão da realidade e das situações-problema, organização, cooperação

Educação, Saúde e Desenvolvimento

e responsabilidade, implicação e espírito de iniciativa na resolução dos problemas e promoção da qualidade de vida. Esta participação e co-implicação (envolvimento) da comunidade é entendida como uma variável constante ao longo de todo o projecto de intervenção, desde os momentos iniciais de elaboração do diagnóstico de necessidades até à concretização/implementação e avaliação do projecto, passando, também, pelo seu controlo e gestão.

Nas palavras de António Nóvoa "é importante sublinhar que não há desenvolvimento sem que as colectividades manifestem vontade de assumir o seu próprio futuro" (Nóvoa, 1992b: 19) e, neste sentido, a participação, enquanto meio de implicação e motivação da comunidade, promove processos auto-organizativos e sentimentos/comportamentos de vivência social (diálogo, entrega, compromisso, autocrítica, solidariedade) que garantem a eficácia e sustentabilidade dos projectos. A comunidade torna-se, assim, capaz de resolver os seus problemas, promover o desenvolvimento, contribuindo para a melhoria do bem-estar e da qualidade de vida, conquistando, deste modo, a sua autonomia.

Sem dúvida, esta aspiração participativa requer, agora convocando Escarbajal de Haro, duas condições básicas: a) " criação das condições necessárias para que se dê essa participação da comunidade: iniciativa, dinamização, auto-organização de uma comunidade com estilo pessoal e autonomia, em favor de uma autoconstrução e desenvolvimento integral e integrador; b) uma efectiva valorização e coordenação de todos os recursos comunitários em torno de um projecto comum [...]" (Escarbajal de Haro, 1992: 9). A educação para o desenvolvimento, em qualquer dos sectores para que este se pretenda (educativo, cultural, sanitário, económico, ambiental, etc.) pressupõe, incontornavelmente, a necessidade de promover mecanismos de motivação, dinamização, participação e auto-organização da comunidade, assim como optimizar os recursos existentes (humanos, sociais, culturais, educativos, económicos), procurar e criar novos recursos e dinamizar a sua coordenação e articulação com outros que se revelem necessários.

Eis o papel do educador comunitário. Actuando ao nível de uma grande variedade de instituições públicas e privadas e numa vasta panóplia de programas/projectos desde a educação, a saúde, o desenvolvimento local, a intervenção e animação comunitária, a justiça, a protecção de menores, a prevenção ambiental, o apoio à terceira idade, a sua acção concretiza-se fundamentalmente na mediação de realidades culturais diferenciadas. As diferenças culturais – entendendo a cultura como "todo aquele complexo que inclui conhecimento, crenças, arte, moral, leis, costumes e quaisquer outras capacidades e hábitos adquiridos pelo homem como membro de uma sociedade" (White, 1988: 136) – podem e tornam-se, muito frequentemente, um obstáculo decisivo à participação das populações nos projectos e, consequentemente, impedem o êxito e a auto--sustentabilidade da intervenção. À educação comunitária é indispensável uma componente política, neste sentido, é necessário contextualizar e integrar a intervenção comunitária numa perspectiva de articulação entre o trabalho local e a globalidade das propostas da política nacional e, mesmo europeia. Caso contrário estaremos a criar pequenas ilhas de sucesso local, mais tarde destruídas pela maré globalizadora das políticas centrais (Cf. Raimundo, 2003).

Cabe ao educador comunitário fazer a mediação das diferenças culturais que aqui se encontram em confronto, possibilitar a articulação entre as diversidades culturais locais e as políticas globais de desenvolvimento que, para se concretizarem necessitam da mobilização das diversidades locais dispersas. Sabemos que maioritariamente as instituições que apoiam e fundamentam jurídica, legal e, em parte, economicamente os projectos não se deslocam para conhecerem as necessidades, interesses e recursos (cultura) das comunidades objecto de intervenção. Assim, o educador comunitário assume, frequentemente, o papel de interlocutor entre estes dois pólos culturais – as necessidades/aspirações da comunidade e os interesses e directivas dos órgãos do poder. Ao educador comunitário cabe promover a comunicação, o intercâmbio, a interacção "concertar os interesses em presença, entre comunidades e instituições" entre os interesses locais e as obrigações públicas institucionais funcionando como "catalisador das soluções, apresenta[ando] propostas, relatórios, projectos, emanados e discutidos com as comunidades, de forma a viabilizar soluções a partir das obrigações institucionais da sua entidade" (Raimundo, 2003: 68).

No âmbito de uma interacção mais directa entre os agentes sociais e o educador ou dinamizador do projecto, o papel de mediador do educador comunitário assume, primacialmente, uma perspectiva informativa/comunicativa e educativa/emancipativa.

Uma vez que os projectos de intervenção/animação comunitária decorrem, maioritariamente, em comunidades desfavorecidas social, cultural e economicamente, comunidades rurais, excluídas, ou minoritárias, afastadas dos centros de informação e decisão, o educador comunitário desempenha, aqui, um papel fundamental informando os agentes sociais sobre as medidas e acções que podem ser levadas a cabo, sobre as possibilidades da intervenção, sobre as formas e mecanismos de organização para a defesa dos interesses da comunidade, etc. (Cf. Raimundo, 2003). A mediação a realizar concretiza-se numa prestação de informações, num serviço público à comunidade que não se pode ficar pela transmissão da informação, mas no estabelecimento de uma comunicação verdadeira, descodificando-a e traduzindo-a de modo a poder ser integralmente compreendida pelas populações.

Não obstante a função de informar, o educador deve, fundamentalmente, saber ouvir as necessidades e aspirações da população, compreender o conjunto de conhecimentos, saberes e costumes que constituem a sua cultura e respeitar os valores que tornam significativas as suas acções. A comunicação empática e biunívoca que se estabelece entre os agentes sociais e o educador comunitário torna-se a condição de possibilidade de participação social activa nas transformações pessoais e comunitárias entendidas como vantajosas. O que se pretende, fundamentalmente, é facilitar a informação e ligações sociais com os organismos de recursos sócio-económicos (Cf. Caparrós, 1994).

A sua maior tarefa é, sem dúvida, incitar, sensibilizar e motivar as populações à mobilização, à participação activa em acções/ /programas/projectos que a população considere interessantes e proveitosos para uma melhoria da qualidade de vida estimulando, assim, a emancipação de cada um e da comunidade em geral, incentivando uma participação activa na construção da história pessoal e colectiva. "O que se pretende é que as comunidades locais percorram o caminho de uma autonomia que lhes permita tornarem-se sujeitos da sua própria história" (Idem: 73).

No entanto, participar pressupõe saber (para poder participar). É função do educador comunitário proporcionar informações/ /conhecimentos/técnicas, ou seja, os procedimentos de trabalho necessários para que a população, apropriando-se destas novas "destrezas" possa realizar as actividades consideradas adequadas para resolver os problemas e necessidades detectadas. Ao educador não cabe resolver os problemas mas, em conjunto com a população, encontrar formas de resolvê-los. Nesta tarefa educativa em que se proporcionam condições de desenvolvimento, aquisição de novos conhecimentos e novas competências é fundamental que a intervenção do educador valorize e parta da cultura endógena, isto é, da visão do mundo, do sistema de valores, das necessidades, das aspirações, das expectativas e dos saberes da população, adquiridos pela aprendizagem das tarefas quotidianas e através das relações de parentesco e vizinhança.

Assim, a acção permanente de mediação e concertação que se exige aos educadores comunitários é decorrente, quer das interacções entre a cultura endógena da comunidade e a cultura das instituições de poder local e/ou central, quer das interacções no seio da própria comunidade.

Sem dúvida, o confronto entre diferenças culturais concretiza- -se no seu primeiro plano no duo educador – agentes sociais. Estes dois tipos de actores – que se pretende entrem em interacção – fazem parte de culturas diferenciadas de que são simultaneamente, portadores e produtos. O facto de pertencerem a "posições sociais e culturas diferentes" indicia estratégias e comportamentos mais ou menos ofensivos e/ou defensivos relacionados com posições de dominação/poder e submissão, superioridade e inferioridade. A este facto deveremos acrescentar, ainda, a subjectividade e individualidade idiossincrática de cada um dos agentes sociais com o seu sistema de crenças, desejos, expectativas, necessidades, etc. Sem uma atitude intercultural por parte do educador, a relação/comunicação com os agentes sociais será, quase inevitavelmente, uma relação vertical, desnivelada e disfuncional que tornará inoperativa qualquer intervenção social.

Assim, a relação educador-agentes sociais não pode ser senão uma relação mediadora, dialógica, de interacção e intercâmbio onde as diferenças são entendidas como potenciadores de inovação. Neste sentido, o educador tem de ser capaz de superar a tendência de supervalorizar e absolutizar os conhecimentos científicos e técnicos que possui, impondo-os em detrimento dos saberes e cultura da população, muitas vezes menosprezados apenas porque ele não está em condições de os poder avaliar, visto fazerem parte de parâmetros culturais diferentes dos seus. Estar disposto a superar as suas representações e estereótipos relativamente a qualquer grupo étnico, região, país ou cultura distintos dos seus. Conseguir superar as representações construídas por si próprio a partir dos modelos assumidos pela instituição onde exerce actividade. Referimo-nos por exemplo a representações de modelo familiar; maternal/paternal; educação de adultos e das crianças; exclusão social e marginalidade, etc., ou seja, representações que o levam a compreender o outro à luz destas noções construídas dentro dos padrões da sua cultura, geralmente ocidental ou ocidentalizada.

No exercício da sua acção comunitária deve ser capaz de despir-se de todo o tipo de pré-conceitos que o levem a orientar a compreensão do outro numa determinada direcção, descentrar-se do seu sistema de crenças, conhecimentos e valores procurando pelo contrário entrar no horizonte de visibilidade e compreensão do outro, no seu sistema de referências significativas, na sua cultura para melhor

o poder compreender numa atitude de total abertura às idiossincrasias e complexidades que caracterizam uma individualidade. Só
assim poderá com êxito exercer o seu papel de mediador, procurando zonas de consenso, interacção e intercâmbio entre sistemas
de referências diferentes, promovendo a (trans)formação individual/
/colectiva desejada no sentido de uma melhoria da qualidade de vida
das populações autóctones.

Em última análise, o educador comunitário é um promotor da
interculturalidade enquanto interacção, intercâmbio, abertura e solidariedade efectiva: reconhecimento de valores, dos modos de vida,
das representações simbólicas, quer dentro dos registos de uma
mesma cultura, quer entre culturas distintas (Cf. Puig, 1991). A sua
tarefa enquanto mediador de conflitos dentro do próprio grupo ou
entre o grupo e outras fontes de interesses, de mediador entre a visão
mítico-simbólica das populações e uma visão mais crítica, sistema-
tizada e organizada, procura contribuir para um novo tipo de sociedade onde a lógica da dominação/submissão seja substituída pela
lógica da interdependência e solidariedade e a promoção da igualdade de oportunidades.

Poderemos perspectivar todos os contextos e modalidades
como palcos pertinentes de um projecto de educação para o desenvolvimento desde que partam da realidade existente, fomentem o
diálogo, a criatividade, a auto-educação/formação, a não directivi-
dade, a atitude crítica, o desenvolvimento pessoal e transformação
social e cultural. Estes projectos caracterizar-se-ão, certamente, por
serem "projectos coordenados e sistemáticos que, em resposta a
necessidades específicas, põem em actividade uma comunidade
(territorial ou popularmente bem definida), despertando a sua auto-
confiança e vontade em participar activamente no desenvolvimento
da mesma, de forma agrupada e organizada, em cooperação, auto-
analisando-se, descobrindo as suas necessidades, fixando objec-
Itivos, assim como meios e modos de fazê-lo, a fim de alcançar o
desenvolvimento integral da mesma e sendo capaz, em consequência, de auto-sustentar-se sabendo satisfazer as suas próprias

necessidades, assim como enfrentar e resolver os seus problemas" (Erdozain, 1992: 119).

Chegados a este momento parece-nos oportuno referir que tendo em conta vários autores, entre os quais Ander-Egg (1976), comunidade refere uma área geográfica definida (grupo, bairro, escola, instituição, município, região, distrito, nação, etc.) e todas as pessoas que a integram (crianças, jovens, adultos, idosos), independentemente do sexo, raça, religião, cultura, ideologia, etc. Da dinâmica educativa, participação, envolvimento e interacção das populações nos projectos (no levantamento e resolução dos problemas, das necessidades e das aspirações) resulta o desenvolvimento pessoal e colectivo da comunidade envolvida. Todos e cada um contribuem para a criação de sinergias (valores, atitudes e práticas) promotoras das mudanças sociais. Partindo do princípio de que a intervenção comunitária deve ser uma intervenção integrada, coordenada e globalizada, ou seja, que o desenvolvimento integrado e auto-sustentado de uma comunidade exige a inserção num projecto mais amplo, a partir do qual as acções/programas a promover em cada região sejam acompanhadas de medidas sociais, económicas e políticas que as legitimem, torna-se necessária uma dinâmica interactiva com outras comunidades. Uma dinâmica promotora do intercâmbio e partilha de ideias, saberes, experiências, conhecimentos, projectos, embora partindo e respeitando sempre as idiossincrasias próprias da região/comunidade em que se está a intervir. É fundamental agir em função da "ideia da primazia do particular e reconhecer que cada território possui características e potencialidades próprias" (Nóvoa, 1992b: 19).

Recorrendo a um conceito da literatura pedagógica, diremos que estamos em presença da educação comunitária enquanto intervenção educativa que partindo do princípio da participação, como meio de motivação e implicação da própria comunidade, procura integrar os recursos educativos e culturais com todo o tipo de intervenções existentes (social, sanitária, ambiental, económica ...) sob a aspiração e o compromisso de contribuir para o desenvolvimento e bem-estar da vida individual e comunitária. Efectivamente, as finalidades da educação comunitária "inscrevem-se numa dupla dinâmica, de resposta às situações individuais, interpessoais e sociais, assim como de participação e cooperação para a satisfação das necessidades reconhecidas, promovendo o desenvolvimento" (Poster, 1982: 2). A educação comunitária reveste-se, por excelência, da concepção de educação para o desenvolvimento na medida em que se converte numa das condições imprescindíveis para pôr em acção e promover o adequado desenvolvimento dos processos de participação da comunidade no seu próprio desenvolvimento, quer pela motivação e tomada de consciência da própria realidade (pensamento reflexivo e crítico), quer pela formação para a participação, a auto-organização e a concretização (acção transformadora) de soluções para os problemas existentes.

Não poderemos deixar de ter em conta que a educação de adultos é uma parte muito importante da educação comunitária, não quando considerada como alfabetização ou como complemento da educação escolar mas, quando é entendida como capacitação dos indivíduos para se promoverem na comunidade, evidencia-se o seu carácter de educação comunitária (Cf. Cabanas, 1991: 18-19). Como temos vindo a referir, ao longo deste capítulo, a educação de adultos tem vindo a manter uma dialéctica permanente entre uma concepção escolar formal e académica (educação básica de segunda oportunidade e formação profissional) e uma concepção mais ampla vinculada ao desenvolvimento que se tem vindo a concretizar ao nível da intervenção sócio-educativa e, por isso, não formal. Efectivamente, ela é, hoje, entendida como uma fase do processo global de educação permanente, procurando dotar o indivíduo de competências com as quais possa responder às necessidades quotidianas concretas proporcionando, assim, o desenvolvimento pessoal e a implicação e integração activa, crítica e responsável na comunidade implicando-se e promovendo desta forma, também, o desenvol-vimento comunitário. Do ponto de vista da educação para o desenvolvimento, a educação de adultos terá como objectivo "promover as condições para a actuação autónoma das comunidades e para a autodeterminação da sua acção social e cultural". Do mesmo modo as instituições e os agentes que promovem estas acções educativas/formativas devem ser entendidos "como instrumentos ao serviço da edificação da autogestão, como elementos que permitem avançar os cidadãos afectados na solução dos seus próprios problemas e empenhados em alcançar os seus objectivos" (Cf. Martínez, 1993: 34-6).

Fazendo presentes as considerações que fomos tecendo, somos levados a pensar que um sistema de educação ao longo da vida – permanente e comunitário – supõe um reequacionamento do sistema educativo tradicional, uma vez que reivindica novas relações entre o formal e o não formal, entre as instituições de educação formal e outras instituições onde a educação se revele determinante, entre o poder central e o poder local, etc. Convocando Escarbajal de Haro "não se trata de estruturar um sistema formativo rígido e fechado, mas sim de organizar unidades integradas de serviços educativos em termos de máxima abertura e flexibilidade, as estruturas formativas do território, para que, cada uma no seu âmbito específico, contribua para o projecto do desenvolvimento da comunidade. A ideia é converter o território no centro de toda a actividade educativa" (Escarbajal de Haro, 1992: 11). Trata-se, em última análise, da edificação de um processo participado e realizado na, com e pela comunidade que acciona o desenvolvimento comunitário integrado e sustentado evidenciando a verdadeira "cidade educativa" de que falava Edgar Faure já na década de setenta. Na sequência deste relatório, também o relatório de Jacques Delors (1996), baseando-se numa concepção de educação para o desenvolvimento, apostada no aprender a conhecer, aprender a fazer, aprender a viver com os outros e aprender a ser, propõe já um conceito de educação que "ultrapassa a tradicional distinção entre educação básica e educação permanente. Ele acrescenta um outro conceito muito mais avançado: o conceito de sociedade educativa, onde tudo pode ser ocasião para aprender e para explorar talentos. [...] a educação ao longo da vida deve aproveitar todas as oportunidades que a sociedade oferece" (Delors, 1996: 122). Vale a pena, aplicando mais uma vez a nossa opção por nos orientarmos pelos documentos da UNESCO, referir que os delegados presentes na Conferência de Hamburgo, ao entenderem a educação como um processo permanente e comunitário que engloba todas as formas e modalidades de um processo de educação--aprendizagem que salta os muros do mundo escolar e se alarga a toda a comunidade permitindo a todos adquirir conhecimentos, competências e técnicas, consideraram indispensável a instauração de uma política de parceria que fomentasse a interacção entre o sector público e o sector privado, iniciativas públicas e não governamentais, universidades e empresas cujo objectivo último "deve ser a criação de uma sociedade educativa ligada à justiça e ao bem--estar geral" (UNESCO, 1997: 13). Efectivamente, esta reorganização do sistema educativo, induzirá forçosamente a grandes alterações administrativas no sentido de abrir-se à descentralização, à valorização dos poderes regionais e locais e a parceiros sociais.

Reequacionado o sistema educativo estaríamos, então, em condições para que a educação de adultos, enquanto educação para o desenvolvimento, levada a cabo através de contextos e modalidades formais ou não formais, institucionais ou não institucionais integrasse a formação de base, a formação profissionalizante e a formação cultural e cívica.

a) Formação de base para o desenvolvimento da tomada de consciência e análise reflexiva e crítica da realidade e para promoção, dinamização e participação comunitária. Voltando a recorrer aos documentos internacionais da UNESCO, podemos dizer que em todos estes documentos está presente, tornando-se cada vez mais explícita e imperativa, a ideia de que a finalidade da educação é a emancipação, libertação e realização pessoal. A educação entendida como processo que cria condições para o desabrochar de todas as capacidades do homem, a educação como condição de "ser mais". Pela educação, e pelo simples domínio da palavra oral e escrita, o homem toma consciência da realidade, adquire a capacidade de compreender, re-inventar e re-escrever o mundo, pela educação adquire conhecimentos e técnicas que lhe permitem (trans)formar e (trans)formar-se, fomentando e dinamizando processos de emancipação pessoal e social. A tomada de consciência de situações limitativas e opressoras e a procura de emancipação e libertação estão, indiscutivelmente, vinculadas à promoção do "ser mais", da reali-zação pessoal.

b) Formação cultural e cívica orientada ao exercício dos direitos e responsabilidades cívicas. Educação/formação enquanto acção cultural permanente centrada na promoção de capacidades conducentes ao desenvolvimento da análise crítica e da acção. Falamos, mais concretamente, de processos de preservação e/ou conquista de liberdades e espaços de participação/actuação aos mais diversos níveis da estrutura social (poder central, regional ou local, instituições sociais e culturais) e nos mais diversificados âmbitos (profissional, familiar, recreativo, etc.). Referimo-nos também à aquisição/promoção de conhecimentos operativos, relações, habilidades e competências que possibilitem a participação e a capacidade de organização e actuação como sejam: competências de trabalho em grupo, de comunicação social, de expressão, organização, associativismo, etc.

c) Formação profissional – os processos sociais de desenvolvimento integral e integrado dos indivíduos e das comunidades implicam, certamente, estratégias de preparação, iniciação, actualização, reconversão e/ou renovação de conhecimentos ao nível profissional. Contudo, tal necessidade não justifica a redução e submissão da educação de adultos à lógica da produção-consumo e do crescimento económico. A educação "obviamente deve estar atenta ao mundo do trabalho e à própria formação profissional, mas deve ter como objectivo último capacitar os cidadãos para uma interrogação crítica da economia, do trabalho e da capacidade de transformação das condições de produção e da própria economia (Lima, 2006: 32). A Formação profissional não pode ter apenas como objectivo actualizar formativamente/profissionalmente o homem, mas sim proporcionar oportunidades para que seja capaz de situar-se e actuar criativa e criticamente no mundo do trabalho.

3.4. Alguns Indicadores da Educação para o Desenvolvimento

Vincular a educação ao desenvolvimento social global significa, pois, perspectivar novos horizontes, novos valores e novas finalidades que explicitam e justificam a necessidade de romper com a concepção de educação de segunda oportunidade e da formação profissional, decorrente de uma concepção de desenvolvimento entendido como crescimento económico. Esta perspectiva redutora centrada na lógica do mercado e na necessidade de possuir, tem desvirtuado o desenvolvimento pessoal (valores, princípios), assim como o desenvolvimento equilibrado e endógeno das comunidades (costumes, tradições, culturas específicos). Ao contrário, a educação para o desenvolvimento pressupõe "em primeiro lugar, que os objectivos, os meios e as estratégias de desenvolvimento devem subordinar-se ao primado das maneiras de sentir, pensar e agir dos grupos cujas necessidades cabe satisfazer e cujos desejos/projectos cabe realizar, em segundo lugar, enunciar um princípio estratégico igualmente basilar: adequar as intervenções aos universos culturais próprios dos grupos implicados, ou melhor, formulá-las e concretizá-las a partir deles, usando-os como recursos, orientações e oportunidades principais" (Silva, 1988: 28). Ela contribui positivamente para uma maior consciencialização da realidade, para a promoção da capacidade reflexiva e crítica e, em consequência, para uma participação activa e empenhada na vida comunitária. Dotar os indivíduos da capacidade de analisar e reflectir acerca das estruturas, dos processos e das condições políticas, sociais, económicas e profissionais em que vivem é, simultaneamente, dar-lhes autonomia de apreciação e acção com vista à transformação é, em última análise, dotar de condições para a emancipação, libertação e realização pessoal. Só a educação comunitária feita por todos, com todos e para todos, respeitando as culturas, os saberes e as experiências das pessoas e as características das próprias regiões ou comunidades é passível de trabalhar com vista a esta finalidade.

Na tentativa de sintetizar algumas ideias, pensamos ser importante referir aquilo que consideramos serem alguns indicadores marcantes da educação para o desenvolvimento.

O primeiro prende-se, como temos vindo a referir ao longo do texto, com o factor participação social e solidariedade. Neste tipo de intervenção são privilegiados os problemas, as necessidades e os recursos endógenos dos grupos. A participação/contributo de cada elemento (atitudes, valores, costumes, crenças, conhecimentos, saberes) constitui-se uma mais-valia e/ou oportunidade de progresso/desenvolvimento, ou seja, novas energias, redes de solidariedade potenciadoras das transformações pessoais/sociais desejadas. Importante é compreendermos que os recursos endógenos, a idiossincrasia e/ou identidade do próprio grupo constitui o recurso mais decisivo do desenvolvimento. Dir-se-ía que se "aposta na capacidade de as pessoas-protagonistas, em redes de associação e comunicação multidimensional e multidireccional, poderem usar a sua cultura e conduzir elas próprias as transformações vantajosas a seus olhos – poderem mudar-se, em vez de continuarem a ser objecto de programas mais de domesticação do que de progresso, mais imposições externas do que ajudas" (Silva, 1988: 48-49).

O segundo refere a valorização dos actores e das iniciativas sociais (seus valores, saberes, recursos). A praxis de intervenção comunitária tem vindo a evidenciar cada vez mais claramente que, projectos concebidos e implementados apenas por técnicos e por órgãos decisores centrais são projectos, maioritariamente, votados ao fracasso. A sua eficácia e auto-sustentabilidade pressupõe que estes projectos sejam assumidos pelas populações, ou seja, que elas os entendam e sintam como seus. Isto implica que os ditos projectos sejam estruturados e dinamizados em função da significação mítico-simbólica que orienta a vida comunitária (valores, normas, práticas sociais, interesses, necessidades, aspirações, iniciativas, capacidade de decisão e gestão, de associação e cooperação, etc.). Consequentemente, nestes projectos devem ser valorizadas as iniciativas sociais existentes na comunidade com o objectivo de realização de direitos sociais, respeitada a pluralidade de motivações e fomentada a diversidade de campos de intervenção.

O terceiro indicador, decididamente decorrente do anterior, é a valorização das iniciativas locais ou, dito de outro modo, a apologia da descentralização e regionalização. A intervenção local ou de pequena escala é o contexto mais favorável à operacionalidade das estratégias centradas nos recursos endógenos assim como ao envolvimento, participação e apropriação dos projectos por parte da população. " [...] de facto, é ao nível local que se torna operatório institucionalizar processos de implicação das populações e capitalização dos seus modos de identificação comunitária, suas disposições e práticas simbólicas, como recursos de desenvolvimento auto-
-centrado, processos de promoção do associativismo, de iniciativas empresariais locais, de autarquia política, etc." (Silva, 1988: 47).

O compromisso com a globalidade, ou a multidimensionalidade do ser humano cumpre o quarto indicador de uma educação para o desenvolvimento que trabalha no sentido da realização dos direitos humanos sejam eles civis, económicos, sociais ou culturais. A finalidade da intervenção é a procura de satisfação das necessidades; não só as necessidades vitais (habitação, alimentação, saúde, emprego), mas também as necessidades socioculturais (cultura, participação, expressão) que, em última instância, são aqueles que possibilitam o enriquecimento da individualidade, a realização do ser humano enquanto ser reflexivo, crítico, criativo e participativo.

Intimamente relacionado com este, encontra-se o que consideramos, o quinto e último indicador – a diversidade de contextos, de áreas e de parceiros da/na intervenção. Efectivamente, é pela ampla gama de parceiros, contextos e áreas de intervenção que a educação para o desenvolvimento ao envolver os intervenientes, levando-os a participar, lhes dá a possibilidade de tomarem consciência das necessidades, das potencialidades e dos recursos existentes e/ou a conseguir, promovendo e fomentando a criação de potencialidades e sinergias, quer para o autodesenvolvimento das pessoas, quer para o desenvolvimento das comunidades.

3.5. Educação para o Desenvolvimento: Uma Visão Crítica

Ao longo deste capítulo temos vindo a defender uma concepção de educação (permanente e comunitária) que se vincula ao desenvolvimento integral, denominando-a de educação para o desenvolvimento. Assim, a nossa redacção tem sido deliberadamente orientada por uma intenção positiva de evidenciar, preferencialmente, as vantagens e as possibilidades desta estratégia em detrimento dos seus aspectos mais problemáticos. Mas, como muito bem chama a atenção Augusto Santos Silva, seria impensável omitir ou simplesmente ignorar estes aspectos, pois, aquilo que se pretende é destacar a relevância, os benefícios e a eficácia desta concepção de educação dentro dos limites que lhe são próprios (Cf. Silva, 1988).

Aliás, parece-nos de todo pertinente estabelecer um confronto construtivo entre as concepções e as práticas. As concepções que referenciam ideias e valores (de algum modo) utópicas que procuram concretizar a satisfação das necessidades, o bem-estar e a realização pessoal e as práticas que, por seu lado, estão dependentes dos conhecimentos, dos recursos, da vontade política, etc. Este debate entre o saber científico e a intervenção social será muito útil no sentido de "evitar os riscos de mistificação dos projectos, pensando-os ao mesmo tempo na dimensão futurante que lhes dá o sentido mais vivo (e que inclui a referência a valores finais que só podem ser concebidos, em algumas circunstâncias, como utopias) e na sua articulação a contextos sociais, que são sempre determinados, estruturados e dotados de uma inércia própria" (Silva, 1990: 123-4).

As grandes limitações da educação para o desenvolvimento (tendo em conta que esta se concretiza em práticas localizadas), relacionam-se com o facto da operacionalidade e eficácia da acção estar fortemente dependente de processos externos aos próprios projectos. Existe de facto um conjunto de condicionamentos estruturantes que, sendo exteriores ao próprio projecto, determinam o seu grau de concretização e eficácia, podendo instituir-se como factores de promoção ou como factores de bloqueio ao desenvolvimento do projecto. É importante lembrar que um projecto, é sempre único e singular, concebido em função duma população e de um contexto particular. Assim, "a idealização de princípios e processos básicos funciona, pois, como um modelo, um paradigma, ao qual se refere cada estratégia, cada projecto concreto, reinterpretando-o, reequacionando-o, reinventando-o para adequar-se à situação social em causa. [...] é preciso reconhecer este hiato, entre o plano do modelo estratégico e o da acção" (Ibidem). Nestes termos, é necessário reconhecer que cada projecto é uma intervenção muito particular com idiossincrasias que poderão, mesmo ao nível de princípios muito gerais da intervenção sócio-educativa, revelar-se problemáticas, como por exemplo, as questões da endogeneidade, da participação/envolvimento, autonomia e enriquecimento/emancipação da população.

Centremo-nos, por agora, na questão da endogeneidade. Analisada a partir de uma perspectiva de intervenção prática esta pode não ser uma questão fácil de gerir. Enquanto exigência primeira de um projecto de intervenção, pressupõe que os programas de desenvolvimento pessoal/colectivo devem partir das necessidades, interesses e recursos da população, integradas nos seus universos culturais e, outrossim, a gestão e as tomadas de decisão devem caber,

Educação, Saúde e Desenvolvimento

também, aos interessados. Não obstante tudo isto, o projecto não pode ser entendido como isolado, assim, a sua auto-centralidade não pode significar fechamento sobre si mesmo mas, pelo contrário, abertura a outros projectos, outros grupos, outras comunidades. "O processo de desenvolvimento (de cada grupo, região, sociedade) pode e deve ser compatível (sob pena de inviável e espúrio) com o conjunto cultural característico de cada grupo, quer dizer, com a globalidade (e não com a totalidade) dos seus valores, operadores e práticas simbólicas" (Silva, 1988: 69). Difícil poderá ser o relacionamento com estas novas mundividências, ser receptivo a um novo horizonte de visibilidade, conciliar o familiar e o estranho, tecer de novo a teia auto-recombinatória de valores, crenças, conhecimentos, saberes, costumes, etc., conciliando a inovação e a tradição, enriquecendo-a, promovendo deste modo a mudança, o progresso, o desenvolvimento. Recorrendo às palavras de Augusto Santos Silva diremos que "endógeno não se contrapõe a exógeno segundo uma oposição em que um termo excluiria o outro. Pelo contrário significa apropriação do exterior, enraizamento das contribuições externas na matriz social autóctone ..." (Silva, 1988: 60).

Do ponto de vista prático a participação/envolvimento pode, também, apresentar-se como uma questão problemática. A participação activa das populações é uma condicionante mobilizadora e decisiva em termos de eficácia, no entanto, a sua concretização pode oscilar entre níveis muito variáveis de representatividade. Efectivamente, podem ocorrer diversas modalidades de participação na concepção, implementação, gestão, avaliação e resultados dos projectos. Importa recordar que a descentralização/regionalização, por si só, não assegura uma participação política decisiva, pois, «muitas vezes, embora garanta uma maior probabilidade e liberdade de acção, as estruturas administrativas centrais funcionam, ainda, como um grande entrave às decisões de fundo. Por outro lado, mesmo tendo em conta as possibilidades oferecidas pela descentralização, esta não garante uma participação massiva, na medida em que muitos obstáculos como o analfabetismo, a falta de formação, de conhecimentos e/ou mesmo de vontade e motivação impedem que muitos grupos participem activamente. Assim, quando falamos de implicação das populações e capitalização dos seus modos de identificação comunitária, suas disposições e práticas simbólicas, como recursos de desenvolvimento auto-centrado teremos que questionar ... mas que grupos são estes? Que grupos participam e que grupos lideram? Quem representam? Que representatividade tem esta participação?» (Idem: 47-52).

Ao nível da praxis intracomunitária exigem-se dados muito concretos, estruturados e bem fundamentados. Se ao nível dos propósitos propomos a realização das necessidades, dos direitos humanos, do bem-estar e da realização pessoal, centrados nas idiossincrasias das populações e optando pela mobilização dos seus recursos teremos que pensar como operacionalizar tudo isto, como gerir os interesses globais com os interesses destas intervenções localizadas, como combater as desigualdades numa economia globalizadora gerida a partir, e em função, dos mais fortes/ricos? Como conseguir as condições promotoras de uma participação autêntica de todos os indivíduos a quem se destinam as intervenções?

A articulação entre as acções localizadas e a dinâmica global pode, pois, ser também uma questão problemática. Sem dúvida, as práticas de intervenção comunitária têm evidenciado que as intervenções locais (grupos, regiões) são aquelas que adquirem maior eficácia de resultados ao nível do desenvolvimento pessoal/colectivo. De facto, esta intervenção é aquela que melhor se coaduna com a educação comunitária ou educação para o desenvolvimento pois, ao postular a valorização do universo cultural, da praxis quotidiana, e dos recursos existentes é aquela que melhor garante a participação activa dos actores sociais, inserindo-os num processo de autoconstrução permanente das suas individualidades e de co-construção da comunidade a que pertencem. No entanto, o desenvolvimento desta comunidade particular tem que integrar-se no processo de desenvolvimento global (de uma região, de um país, etc.), um processo sustentado institucional e politicamente que funcione como suporte e visibilidade do projecto local. Mesmo no caso de projectos abrigados pela descentralização e participação é incontornável a combinação entre a acção local e a acção central, as decisões do grupo e os interesses e objectivos definidos ao nível do poder central. Problemático pode ser articular os interesses locais e os objectivos globais. Se entendermos a educação para o desenvolvimento no sentido do ideal do crescimento de um processo de complexificação ao longo da vida que se realiza pela aquisição de novos valores, conhecimentos, saberes, ou seja, pela tentativa de diversificar as nossas perspectivas e expandir os nossos horizontes, conseguimos compreender que o confronto com outros grupos, comunidades, práticas e experiências humanas preparam-nos para uma vivência solidária marcada pela tolerância à diversidade.

Todas estas questões nos orientam, no entanto, no sentido daquela que é, em última instância, a condição determinante do desenvolvimento, ou seja, da defesa e do exercício das liberdades cívicas e da realização das necessidades básicas – a democracia política. Só a democracia, enquanto organização política defensora e empenhada em garantir os direitos cívicos, sociais, económicos e culturais, será capaz de fomentar as condições materiais e intelectuais (de modo muito particular providenciando a qualificação dos actores através de processos de educação formal e não-formal) que possibilitam às populações participarem activamente nos projectos de desenvolvimento, sejam eles de natureza sociopolítica (organismos de poder local, associativismo, etc.), de natureza económica (gestão empresarial, movimentos cooperativos, criação de emprego) ou de natureza sociocultural (educação, saúde, ambiente, etc.) (Idem). Sem democracia não há condições para o desenvolvimento. Esta terá que indissoluvelmente estar vinculada ao processo de desenvolvimento, caso contrário, negar-se-á a si mesma. Diremos, contudo, que a relação entre democracia e desenvolvimento não é uma relação linear de causa e efeito mas antes uma relação biunívoca, ou seja, duas condições que se co-implicam num mesmo processo. Se, por um lado, a democracia é condição indispensável para a emancipação e qualificação necessária à participação que postula, por outro lado, a participação e o envolvimento da população surgem como incontornáveis para a concretização da própria democracia. Se a democracia fomenta condições de maior participação, esta viabiliza níveis mais excelentes de democraticidade.

O desenvolvimento exige dos actores sociais capacidade de recriar, re-escrever, inovar, o que só se consegue com um projecto político comprometido com a liberdade, a justiça, a igualdade e a solidariedade, projecto apostado em promover as condições necessárias a um forte investimento na educação, formação e acção cultural ao longo da vida dos indivíduos. Nestes termos, é suposto que as instituições político-sociais assegurem as exigências de paz, liberdade e bem-estar, aumentem a qualidade de vida e promovam o gosto e a tolerância pela diversidade para que todos possam usufruir da igualdade de oportunidades para a emancipação e auto-realização pessoal (Cf. Antunes, 2001).

Em última análise "um desenvolvimento que não consegue superar a desigualdade social, que seja incapaz de favorecer a interacção social da comunidade nacional, e que não possa impedir o empobrecimento cada vez mais acentuado dos que já injustamente são pobres, nem evitar o enriquecimento dos que são desnecessariamente muito ricos, não é um desenvolvimento autêntico, pois violenta a dignidade dos homens ..." (XI Conferencia Internacional de Servicio Social, 1962).

O desenvolvimento autêntico é, fundamentalmente, desenvolvimento humano, ou seja, convocando Lebret[5], o desenvolvimento diz respeito essencialmente ao homem em todas as suas dimensões e a todos e a cada um dos homens independentemente da sua condição, raça, religião, posição social, etc. A finalidade do desenvolvimento não é aumentar *per capita* a produção de bens e serviços mas

---

[5] Cf. Lebret, J.L. (1961). *El Drama del Siglo*. Buenos Aires: Ed. Nueva Civilización.

sim a emancipação, a libertação e a auto-realização de todos os homens. Não é tanto uma questão de "ter" mas muito mais uma questão de "ser".

O desenvolvimento autêntico será pois, sempre humanista e solidário, assim como se caracterizará sempre por ser um processo com dinamismo interno, na medida em que as suas possibilidades de concretização estarão sempre condicionadas pela vontade das populações de realizarem um esforço de se transformarem, segundo as suas contingências e possibilidades, em agentes de desenvolvimento.

Se nos nossos dias é comummente aceite que a questão do desenvolvimento não se esgota numa análise de variáveis económicas, o mesmo sucede com a ideia de que para haver desenvolvimento é necessário transformar hábitos, eliminar preconceitos e modificar condutas e modos de vida de pessoas que resistem à mudança simplesmente porque estão arreigadas a determinadas crenças e práticas sociais (Cf. Ander-Egg, 1976). As mudanças mentais e sociais constituem, pois, um pré-requisito fundamental para o desenvolvimento. Nas palavras de Ander-Egg, diremos que o "desenvolvimento – enquanto aspecto singular de um processo geral de mudança social – parece estar mais ligado a mudanças mentais e sociais, do que a factores propriamente económicos" (Idem: 47). O desenvolvimento pressupõe inovação, mudança e, fundamentalmente, exige estar predisposto a esta mudança, ou seja, exige um trabalho de educação/formação dos seres humanos ao nível das motivações, dos hábitos, das atitudes e sistema de valores que fazem parte do seu sistema de crenças, no sentido de o tornar flexível e dinâmico passível de recombinação e recriação constantes.

A educação, enquanto processo permanente e comunitário concretizando-se em diversificados contextos e em diversas modalidades, constitui um patamar incontornável à promoção do autocrescimento dos indivíduos, da sua qualificação, da sua capacidade de inovar e, logo, de fomentar o desenvolvimento. A educação deve, preferencialmente, favorecer e promover o contacto com todo o tipo de discursos, de vocabulários alternativos (científicos, filosóficos, éticos, artísticos, religiosos, etc.) e práticas sociais, pois, só o contacto com estas novas experiências favorece o desenvolvimento de competências como a tolerância, o respeito mútuo, a atitude crítica que permitem (a partir do confronto entre o horizonte de visibilidade familiar e o novo horizonte de visibilidade) inovar, transformar, ou seja, tecer novas redescrições do homem e do mundo. Sem dúvida, o desenvolvimento é indissociável da mudança, resultando de uma relação construtiva entre o familiar/tradição e o estranho/novo. Na medida em que a educação se efectua numa dimensão comunitária, partindo sempre da cultura endógena (familiar, a tradição) mas entrando em contacto com novos vocabulários, novas experiências, novas culturas (estranho, novo), vamos alargando o nosso domínio de familiarização pela assimilação de diferentes estímulos e diferentes mundividências. O núcleo "nós" é, assim, alargado estabelecendo-se uma maior e melhor compreensão das outras comunidades e culturas e permitindo-nos, simultaneamente, escrever novas narrativas acerca de nós próprios e acerca do mundo, ou seja, inovar, fomentar o desenvolvimento. A cultura endógena não é uma realidade universal a-temporal e transcultural mas, outrossim, uma realidade histórica, um sistema flexível, dinâmico e aberto a outras culturas com as quais interage e no confronto com as quais se vai (re)construindo. Neste sentido, não há mudança ou inovação sem a integração de algo exterior, estranho, novo.

No horizonte da educação permanente e comunitária esta recombinação constante da teia de crenças, costumes, conhecimentos, desejos, aspirações, etc. de cada cultura endógena é entendida como um processo normal de desenvolvimento, pois, enquanto um projecto que procura não limitar as pessoas ao seu próprio vocabulário final, tornando-as receptivas a novos encontros com diferentes comunidades e mundividências e sempre disponíveis a incluir no círculo "um de nós" pessoas que antes consideravam estranhas, as pessoas encaram com naturalidade a integração na sua cultura endógena, de novos horizontes de visibilidade. A educação permanente e comunitária orientando-se pela globalidade de valores e práticas sociais, tem como objectivo promover encontros livres e abertos com os mais diversificados discursos e práticas, tornando possível o confronto e enriquecimento mútuo dos discursos finais no sentido de ajudar a alargar tanto quanto possível o sentido de "nós", ou seja, a conhecer outras experiências/comunidades/culturas tornando-as familiares. Não obstante as diferenças étnicas, religiosas e culturais que conduzem, obviamente, a diferentes discursos, vocabulários, culturas, devemos reconhecer com Richard Rorty[6] que o que une os homens pertencentes a todos e a cada um destes discursos não é o facto de partilharmos uma essência comum (esta, aliás, não existe) mas o facto de todos sermos susceptíveis de sofrer dor e humilhação. Neste sentido, a regra moral básica é evitar a dor, a crueldade, a humilhação. A interacção entre as pessoas, as comunidades, as culturas, a procura de não impor, não humilhar, ou seja, a solidariedade é, então, entendida mais como uma questão de sentimento do que de racionalidade, mais uma prática concreta construída e exercida na vivência particular e histórica do que um facto a-histórico e transcultural que se impõe sob a forma de uma obrigação moral (e por esta razão votada ao fracasso). As instituições educativas devem ser concebidas para diminuir a crueldade aumentando ao máximo as oportunidades e a qualidade em matéria de educação, de formação, de enriquecimento e emancipação pessoal. Esta postura permitirá manter activo o processo de autoconstrução individual e co-construção, progresso e desenvolvimento das comunidades (Antunes, 2001).

Uma concepção de educação ao longo da vida entende o homem como um ser a fazer-se no complexo de relações interco-

---

[6] "[…] a solidariedade não é pensada como sendo o reconhecimento de um eu central, da essência humana em todos os seres humanos. É antes pensada como sendo a capacidade de ver mais diferenças tradicionais (de tribo, religião, raça, costumes, etc.) como não importantes, em comparação com semelhanças no que respeita à dor e à humilhação – a capacidade de pensar em pessoas como nós como estando incluídas na esfera do "nós" (Rorty, R, 1989:192).

municativas que estabelece com os outros e com o mundo, ou seja, através de um processo de autocriação participada que se realiza no contacto com a(s) comunidade(s) a que pertencemos e/ou vamos conhecendo. Assumir a contingência do ser humano, entendendo-o como um ser inacabado, imperfeito, mas livre e responsável perante o seu próprio processo de autocriação é entender que o desenvolvimento individual e o desenvolvimento da comunidade, ou seja, o processo de complexificação das pessoas e das comunidades não é fundado em princípios universais, a-históricos e transculturais, mas uma questão de praxis intramundana, uma questão de consenso comunitário concretizado nos parâmetros de uma linguagem e de uma significação estabelecida e aceite comunitariamente (Rorty, 1989).

Importante é compreender que a nossa forma de olhar, interpretar e interiorizar a vida e o mundo é sempre feita em função do vocabulário que usamos, ou seja, é sempre contextualizada, realizada dentro dos parâmetros da descrição do mundo que o nosso vocabulário permite, dentro da especificidade da nossa cultura. Dito de outro modo, é apenas o resultado de termos sido educados de uma forma particular. Por esta razão, o processo educativo deve possibilitar que os indivíduos tomem consciência de que os vocabulários finais nada mais são do que descrições do mundo, dependentes das fontes culturais que lhes deram origem e, por isso mesmo, sempre contingentes, frágeis e vulneráveis. Neste sentido, a educação deve, primacialmente, promover o encontro com todo o tipo de vocabulários, uma vez que cada um deles representa apenas uma perspectiva entre muitas outras possíveis.

Neste horizonte de visibilidade, o progresso individual e da comunidade é entendido como o resultado da substituição de velhos vocabulários por novas formas de redescrição, ou seja, o progresso resulta da substituição de discursos literais, familiares por discursos metafóricos que se vão tornando literais e familiares. Efectivamente, quer ao nível individual, quer ao nível colectivo são os acontecimentos que devido à sua novidade são considerados reactivos e não familiares, por perturbarem a ordem consensual estabelecida, que se tornam verdadeiras revoluções constituindo factores de inovação e progresso. O novo é sempre apreendido no horizonte de visibilidade da teia de crenças e desejos das comunidades/culturas/ pessoas que interpretam, contudo esta teia é aberta a outras comunidades, culturas, pessoas permitindo o contacto com novas crenças e desejos, recontextualizando, assim, a teia pré-existente, ampliando-a e enriquecendo-a.

O progresso/desenvolvimento individual/colectivo pode ser entendido como um processo de recombinação de conhecimentos, crenças, aspirações, desejos, emoções, saberes, técnicas, práticas, etc., resultante das relações intercomunicativas que estabelecemos com novos pontos de vista, novas pessoas, livros, experiências, culturas. Um processo de criação e recriação de novas metáforas e novos vocabulários que permitem novas redescrições e recriações de nós mesmos, das comunidades em que vivemos e do mundo. Uma maneira de perspectivar uma forma mais digna e mais responsável de estar na vida, tornando-nos conscientes para a possibilidade de podermos sempre redescrevê-la e recriá-la (Cf. Antunes, 2001).

Este é, em última instância, o factor determinante de desenvolvimento da sociedade dos nossos dias, a sociedade do conhecimento, a vontade e capacidade de aprender para poder inovar. Pois, "[...] qualquer sociedade em processo acelerado de transformação exige competências tais como, uma grande agilidade mental, capacidades de compreender e de participar em processos de contínua mudança, de tolerar e valorizar as diferenças, de cooperar e relacionar-se bem com os outros, de comunicar, de se integrar positivamente em espaços multicêntricos e em expansão constante, de reconhecer as solidariedades e interdependências entre todas as pessoas e todas as outras formas de vida" (Melo et al, 1998: 12).

REFERÊNCIAS BIBLIOGRÁFICAS

AAVV. (1999). *Memórias de Utopias. Elementos para a História da Saúde Mental em Portugal.* Lisboa: ISPA.

ANDRADE, M. I. (1995). *Educação para a Saúde – Guia para Professores e Educadores.* Lisboa: Texto Editora.

ANTUNES, M.C. (2001). *Teoria e Prática Pedagógica. Ruptura e ensaios de recontextualização à luz da cultura poetizada de Richard Rorty.* Lisboa: Instituto Piaget.

ANTUNES, M.C. (2003a). A Relevância do Universo Relacional no Percurso Educativo: Um breve Ensaio à Luz do Pensamento de João dos Santos. In Revista *A Psicomotricidade.* Vol. 1, n.º 2, pp. 89-96.

ANTUNES, M.C. (2003b). Educação: Um Projecto de Autocriação ao Longo da Vida. Algumas Aportações ao Modelo Psicopedagógico de João dos Sant*os.* In *Revista Galego-Portuguesa de Psicoloxía e Educación.* n.º 8, vol. 10, pp. 105-115.

ANDER-EGG, E. (1976). *Metodología y Prática del Desarrollo de la Comunidad.* Buenos Aires: Editorial Humanitas.

BARROS, E. (1999). *Andar na Escola com João dos Santos.* Lisboa: Editorial Caminho.

BRANCO, C. M. E. (2006). *João dos Santos. Aliança entre Saúde Mental e Educação. Um paradigma de conectividade centrado na criança.* Tese de Doutoramento. Instituto de Educação e Psicologia – Universidade do Minho.

CASTILHO, C. Salgueiro, E. (org). (2005). *O Segredo do Homem é a Própria Infância. O Centro Doutor João dos Santos – Casa da Praia: 30 anos depois.* Lisboa: Assírio & Alvim.

CARRASCO, J., Dujo, A. (1997). Planteamiento Sociopolítico de la Educación de Adultos em Sociedades Desarrolladas. In Carrasco, J. (Coord). *Educación de Adultos.* Barcelona: Editorial Ariel.

CANÁRIO, R. (1999). *Educação de Adultos. Um Campo e Uma Problemática.* Lisboa: Educa.

CABANAS, Quintana (1991). *Pedagogia Comunitaria. Perspectivas Mundiales de Educación de Adultos.* Madrid: Narcea.

Comissão das Comunidades Europeias. (1994). *Livro Branco – Crescimento, Competitividade, Emprego. Os Desafios e as Pistas para Entrar no Séc. XXI.* Luxemburgo: Serviço das Publicações Oficiais das Comunidades Europeias.

Comissão das Comunidades Europeias. (1995). *Livro Branco – Ensinar e Aprender – Rumo à Sociedade Educativa.* Luxemburgo: Serviço das Publicações Oficiais das Comunidades Europeias.

DALAI-LAMA. (2000). *Ética para o Novo Milénio.* Camarate: Círculo de Leitores.

DAMÁSIO, A. (1995). *O Erro de Descartes. Emoção, Razão e Cérebro Humano.* Mem-Martins: Publicações Europa-América.

DAMÁSIO, A. (2000). *O Sentimento de Si. – O Corpo, a Emoção e a Neurobiologia da Consciência.* Mem-Martins: Publicações Europa-América.

DELORS, J. (1996). *Rapport à L'UNESCO de la Commission Internacionale sur L'éducation pour le Vingt et une Siècle. L'éducation. Un Trésor Est Caché Dedans.* Paris: Ed. Odile Jacob.

D'ESPINAY, L. (coord). (2004). *Implementação do Processo de Bolonha a Nível Nacional – Grupos por área de conhecimento: Enfermagem.* Lisboa: Ministério da Ciência, Tecnologia e Ensino Superior.

Educação, Saúde e Desenvolvimento 113

DOMINICÉ, P. (1988). O Processo de Formação e alguns dos seus Componentes Relacionais. In Nóvoa, A. Finger, M. (org). *O Método (Auto) Biográfico e a Form*ação. Lisboa: Ministério da Saúde.

ESCARBAJAL DE HARO, A. (1992). El Desarrollo Comunitario como Nuevo Horizonte Educativo. In *Pedagogía Social*, n.° 7.

ERDOZAIN, A.I. (1992). Los Valores Básicos de una Sociedad y el Desarrollo Comunitario. In *Pedagogía Social*, n.° 7.

FERREIRA, P. M.(2003b). Comportamentos de Risco dos Jovens. In Pais, J.M.& Cabral, M.V. (coords). *Condutas de Risco, Práticas Culturais e Atitudes Perante o Corpo: Resultados de um inquérito aos jovens portugueses*. Oeiras: Celta Editora.

GOMES, R.T. (2003). Sociologia dos Lazeres e Práticas Culturais dos Jovens Portugueses. In Pais, J.M. & Cabral, M.V. (coords). *Condutas de Risco, Práticas Culturais e Atitudes Perante o Corpo: Resultados de um inquérito aos jovens portugueses*. Oeiras: Celta Editora.

GOLEMAN, D. (1977). *Inteligência Emocional*. Lisboa: Temas e Debates.

GOLEMAN, D. (2006). *Inteligência Social. A Nova Ciência das Relações Humanas*. Barcelos: Círculo de Leitores.

LEBRET, J.L. (1961). *El Drama del Siglo*. Buenos Aires: Ed. Nueva Civilización.

LIMA, L. (2006). A educação de adultos não pode estar entregue ao mercado. In *Revista Aprender ao Longo da Vida*. n.° 6, pp. 28-34.

MARTÍNEZ G. A. (1993). Servicios Sociales y Participación Ciudadana. In *Pedagogía Social,* n.° 8.

MELO, A., et al. (1998). *Uma Aposta Educativa na Participação de Todos*. Documento de Estratégia para o Desenvolvimento da Educação de Adultos. Lisboa: Ministério da Educação.

NÓVOA, A., et al. (1992b). *Formação para o Desenvolvimento*. Lisboa: Fim de Século.

OMS, (1978). *Declaração de Alma-Ata. Primeira Conferência Internacional sobre Cuidados Primários de Saúde*, Alma-Ata, URSS.

OMS, (1986). *Carta de Ottawa para a Promoção da Saúde. Primeira Conferência Internacional sobre Promoção da Saúde*. Ottawa, Canadá.

OMS, (1988). *Segunda Conferência Internacional sobre Promoção da Saúde*, Adelaide, Austrália.

OMS, (1991). *Terceira Conferência Internacional sobre Promoção da Saúde*, Sundsvall, Suécia.

OMS, (1997). Declaración de Yacarta sobre Promoción de la Salud en el Siglo xxi. Adoptada en la *Cuarta Conferencia Internacional sobre Promoción de la Salud*, Yacarta.

OMS, (2000a). *Plano Europeo de Actuación sobre Alcohol*. 2000-2005. Madrid: Ministério de Sanidad y Consumo.

OMS, (2000b). *Quinta Conferência Internacional sobre Promoção da Saúde*, México.

OMS, (2005). *Sexta Conferência Internacional sobre Promoção da Saúde*. Banguecoque, Tailândia.

POSTER, C. (1982). *Community Education. Its Development and Management*. Londres: Heinemann Educational Books.

PUIG, M. (1991). Hacia la Pedagogia Intercultural. In *Cuadernos de Pedagogía*. n.º 196.

RAIMUNDO, H. (2003). Os Educadores Comunitários, a Globalização e a Felicidade. Afinal o que Temos a Ver com Isto? In *Actas do I Congresso Ibero-Americano e Africano de Educação de Adultos e Desenvolvimento Comunitário*. Vila Real de St.º António: Câmara Municipal de Vila Real de St.º António.

REQUEJO, O. (1989). Intervención pedagogíco-social y desarrollo comunitario. In *Pedagogía Social*. Vol. 4. pp. 173-174.

RORTY, R. (1989). *Contingency, Irony and Solidarity*. Cambridge: Cambridge University Press.

SANTOS, J. (1966). Fundamentos Psicológicos da Educação pela Arte. In AAVV, *Educação Estética e Ensino Escolar*. Lisboa: Editora Publicações Europa-América.

SANTOS, J. (1976). Pedagogia Terapêutica. Comunicação apresentada ao Congresso *Encontro dos Psicólogos*, Lisboa: Arquivo da Casa da Praia.

SANTOS, J. (1982). *A Caminho de uma Utopia. Um Instituto da Crian*ça. Lisboa: Livros Horizonte.

SANTOS, J. (1988). *A Casa da Praia. O Psicanalista na Escola*. Lisboa: Livros Horizonte.

SANTOS, J. (1991a). *Ensaios sobre Educação I. A Criança Quem É?* Lisboa: Livros Horizonte.

SANTOS, J. (1991b). *Ensaios sobre Educação II. O Falar das Letras*. Lisboa: Livros Horizonte.

SILVA, A. S.(1988). Produto Nacional Vivo: Uma Cultura para o Desenvolvimento. In Silva, A. S. et al. *Atitudes Valores Culturais Desenvolvimento*. Lisboa: SEDES – Associação para o Desenvolvimento Económico e Social. pp. 21-75.

SILVA, A. S. (1990). *Educação de Adultos – Educação para o Desenvolvimento*. Rio Tinto: Edições Asa.

SOUSA, A. (2000). Promoção e Educação para a Saúde – um nosso desafio. In *Revista PES*,1, 2.

UNESCO, (1949). *Summary Report of the Internacional Conference on Adult Education*, Elsineur, Dinamarca.

UNESCO, (1960). *World Conference on Adult Education*, Montreal, Canadá.

UNESCO, (1972). *Troisième Conférence Internacionale sur L'Éducation des Adultes*, Rapport Final, Tóquio, Japão.

UNESCO, (1976). *Recommendation on the Development of Adult Education*, Nairobi.

UNESCO, (1985). *Quatrième Conférence Internacionale sur L'Éducation des Adultes*. Rapport Final, Paris, França.

UNESCO, (1990). World Declaration on Education for All, Jomtien, Tailândia.

UNESCO, (1997). *Cinquième Conférence Internacionale sur L'Éducation des Adultes – La Declaration D'Hambourg L'Ágenda pour L'Avenir*, Hambourg.

WHITE. (1988). *La Ciencia de la Cultura*. Barcelona. Ed. Círculo de Lectores (Col. Círculo Universidad).

XI Conferência Internacional de Servicio Social (1962). Informe del Brasil: *Desarrollo de Comunidades Urbanas y Rurales*. Rio de Janeiro.

BIBLIOGRAFIA

AA.VV. (1988). *Una educación para el desarrollo: la animación socio-cultural*. Madrid: Fundación Banco Exterior.

Aspin, D. Chapman, J. (2000). Lifelong Learning: Concepts and Conceptions. In *Internacional Journal of Lifelong Education*. Vol. 19, n.º 1 (219).

Antunes, M.C. (2000). John Dewey. Um Ensaio de Superação do Desfasamento Entre Pensamento e Acção em Educação. In *Revista Educación Y Pedagogía*. Vol. XII. n.º 26-27. Antioquia: Universidad de Antioquia, pp.143-149.

Antunes, M.C. (2001). Linguagem e Cognição: Da Linguagem Científica ao Mundo Esquecido das Sensações. In *Revista Educación Y Pedagogía*. Vol. XIII. n.º 31. Antioquia: Universidad de Antioquia, pp. 17-28.

Antunes, M.C. (2001). Educação e Linguagem: Linguagem Digital e Linguagem Analógica. In *Revista Teoria e Prática da Educação*. Vol. 4 – N.º 9. Maringá: Universidade Estadual do Maringá, pp. 131-144.

Antunes, M.C. (2001). Educação Intercultural: O Desfasamento Entre a Teoria e a Prática – Um Ensaio de Recontextualização. In *Actas do VI Congresso Galaico Português de Psicopedagogia*. Braga: Centro de Estudos em Educação e Psicologia – Universidade do Minho, pp. 491-501.

Antunes, M.C. (2003). Educação de Adultos e Desenvolvimento Comunitário: Projectos e Práticas. In *Actas do I Congresso Ibero-*

*-Americano e Africano de Educação de Adultos e Desenvolvimento Comunitário.*Vila Real de St.° António: Edição Câmara Municipal de Vila Real de St.° António, pp. 147-164.

ANTUNES, M. C. (2005. A Educação Comunitária no processo de Educação ao Longo da Vida: O Método (Auto)Biográfico). In *Revista Aprender ao Longo da Vida*, n.° 5. Lisboa: Atelier Gráficos à Lapa. pp. 40-42.

ANTUNES, M.C. (2004). Alguns Ensaios de Superação do Modelo Escolar em Educação. In *Revista Teoria e Prática da Educação*. Vol. 7, n.° 1. Maringá: Universidade Estadual de Maringá. pp. 5-15.

BAGNALL, R. (2000). Lifelong Learning and the Limitations of Economic. In *International Journal of Lifelong Education.*. Vol. 19, n.° 1 (2035).

BARBERO, *J. M.; Cortès ,F. (2005).* Trabalho comunitário, organización y desarrollo social. Madrid: Alianza Editorial.

BOURDIEU, P. (2001). *Contrafogos 2 – Por um Movimento Social Europeu.* Oeiras: Celta Editora.

CALVO, A. (2002). *La animación sociocultural. Una estratégia para la participació*n. Madrid: Alianza Editorial.

CARIDE, J. A. (2006). Miradas y diálogos en torno a la acción comunitária. Barcelona: Editorial GRAÓ.

CARRASCO, J. G. (coord). (1997). *Educación de Adultos*. Barcelona: Editorial Ariel.

CASTRO, R., Sancho, V., Guimarães, P. (org). (2006). *Unidade de Educação de Adultos – Percursos e Testemunhos*. Braga: Unidade de Educação de Adultos Universidade do Minho.

CASTRO, R., Sancho, V.,Guimarães, P. (org). (2006). *Adult Education – New Routes in a New Landscape*. Braga. Unit for Adult Education University of Minho.

CEMBRANOS, F, MONTESINOS, D. BUSTELO, M. (2003). *La animación sociocultural: una propuesta metodológica.* Madrid: Editorial Popular.

Educação, Saúde e Desenvolvimento

DIAS, J.R. (1980). *A Educação de Adultos – Introdução Histórica*. Braga: Unidade de Educação de Adultos Universidade do Minho.

DIAS, J.R. et al. (1983). *Curso de Iniciação à Educação de Adultos*. Braga: Unidade de Educação de Adultos Universidade do Minho.

ESTRELA, A. Nóvoa, A. (org). (1993). *Avaliações em Educação: Novas Perspectivas*. Porto: Porto Editora.

FREIRE, P. (1975). *Pedagogia do Oprimido*. Porto: Afrontamento.

FREIRE, P. (1967). *Educação como Prática de Liberdade*. Rio de Janeiro: Editora Paz e Terra.

FREIRE, P. (1976). *Acção Cultural para a Liberdade*. Rio de Janeiro: Editora Paz e Terra.

GARCIA, A. SÁEZ, J. & ESCARBAJAL, A. (2000). *Educación para la salud. La apuesta por la calidad de vida*. Madrid: Arán.

GRACIA, E. (2000). *El apoyo social en la intervención comunitária*. Barcelona: Paidós.

GILLET, J.C. (2006). *La Animación en la Comunidad.un modelo de animación socioeducativa*. Barcelona: Editorial GRAÒ.

GOLEMAN, D. (2006). *Emoções Destrutivas*. Mafra: Círculo de Leitores.

GRIFFIN, C. (1999a). Lifelong Learning and Social Democracy. In *Internacional Journal of Lifelong Education*. Vol. 18, n.º 5, pp. 329-342.

LIMA, L. (org.). (1994). *Educação de Adultos. Forum I*. Braga: Unidade de Educação de Adultos – Universidade do Minho.

MARCHIONI, M. (Coord). (2001). *Comunidad y cambio social. Teoria y praxis de la acción comunitária*. Madrid: Popular.

MARCHIONI, M. (1999). *Comunidad, participación e desarrollo*. Madrid: Popular.

MARTÍ J.; PASCUAL J.; REBOLLO, O. (coord). (2005). *Participación y desar-*

120   *Maria da Conceição Pinto Antunes*

rollo comunitário en medio urbano: experiências e reflexiones. Madrid: IEPALA/Cimas.

NAVARRO, M.F. (1995). Educação para a Saúde e Profissionais de Saúde Comunitária. In *Revista Portuguesa de Saúde Comunitária*, n.° 4.

NAVARRO, M.F. (1999). Educar para a Saúde ou para a Vida? Conceitos Fundamentais para Novas Práticas. In *Educação para a Saúde*. Braga: Departamento de Metodologias da Educação – Universidade do Minho.

NAVARRO, S. (2004). *Redes sociales y construcción comunitária.* Madrid: CCS.

NIZA, S. (1997). *Formação Cooperada.* Lisboa: Educa.

NORBECK, J. (1981). *Formas e Métodos de Educação de Adultos.* Braga: Projecto de Educação de Adultos Universidade do Minho.

NOGUEIRA, A. (1996). *Para uma Educação à Roda da Vida.* Lisboa: Instituto de Inovação Educacional.

NÓVOA, A. (org.). (1989). *O Método (auto)Biográfico e a Formação.* Lisboa: Ministério da Saúde. Departamento de Recursos Humanos.

NÓVOA, A. e APPLE, M. (org.). (1998). *Paulo Freire: Política e Pedagogia.* Porto: Porto Editora.

OLIVEIRA, C.C. (2004). *Auto-Organização, Educação e Saúde.* Coimbra: Ariadne Editora.

REZSOHAZY, R. (1988). *El desarrollo comunitário.* Madrid: Narcea.

Rorty, R. (1979). *Philosophy and the Mirror of Nature.* Princepton: Princepton University Press.

RORTY, R. (1982). *Consequences of Pragmatism.* Minneapolis: Minnesota University Press.

SARRATE, M.L. (coord). (2002). *Programas de animación sociocultural.* Madrid: Universidad Nacional de Educación a Distancia.

SILVESTRE, C.A. (2003). *Educação/Formação de Adultos como Dimensão Dinamizadora do Sistema Educativo/Formativo*. Lisboa: Instituto Piaget.

TRILLA, J. (coord). (1997). *Animación sociocultural. Teorias, programas y ámbitos*. Barcelona: Ariel.

TRILLA, J. (1993). *La educación fuera de la escuela*. Barcelona: Ariel.

ÙCAR, X. (edit). (2005). *Participación, animación e intervención socio--educativa*. Barcelona: Universita Autònoma de Barcelona.